Mon poids idéal avec la sophrologie

Mon poids idéal avec la sophrologie

Murielle Machet

© 2023 Murielle Machet

Édition : BoD – Books on Demand, info@bod.fr

Impression : BoD – Books on Demand, In de Tarpen 42, Norderstedt (Allemagne)

Impression à la demande

ISBN : 978-2-3224-7084-6

Dépôt légal : juillet 2023

Table des matières

PREAMBULE 2
    La psycho neuro nutrition, Késako ? 5
    On part du bon pied ! 5

RENFORCEZ VOS FONDATIONS POUR ASSURER VOTRE SUCCÈS 7
    Comment mincir sainement et durablement ? 7
    Transformez votre motivation en détermination ! 12
    Voici vos résolutions à tenir dès maintenant pour des résultats mesurables 15
    A bonne détox, bonne minceur ! 18
    Cultivez votre énergie vitale 23
    Le système lymphatique 27

ECOUTEZ VOTRE CORPS ET NON VOTRE MENTAL 29
    Ne mangez que lorsque vous avez faim 29
    Respectez vos sensations de satiété 32
    Un dérapage ? Ne culpabilisez pas ! 33
    Se nourrir en pleine conscience 35

NE MANGEZ PLUS VOS EMOTIONS 40
    Nos contrariétés nous font-elles grossir ? 40
    Cinq bonnes habitudes pour moins stresser 46
    Apprenez à maîtriser vos émotions 49
    Comment soulager sa charge mentale ? 53
    Adoptez une routine qui vous fait du bien ! 57
    Ces exercices de respiration qui nous aident à mincir 60

Retrouvez un sommeil réparateur ! 64
S'aimer pour mincir et non mincir pour s'aimer 67
Se réconcilier avec son image et son poids 71
INFOS NUTRI 73
Six astuces pour manger moins sans s'affamer ! 74
Quatre bons réflexes index glycémiques bas 78
Boire ! Les bons réflexes minceur 82
J'adopte une alimentation anti-acidification 84
Neuf conseils pour pâtisser tout en légèreté ! 89
Réduire facilement ses apports caloriques, c'est simple : changez d'assiette ! 93
Les fibres, un atout minceur ? 96
Les soupes, veloutés, ou bouillons :
votre passeport minceur et santé! 100
Je mange quoi au p'tit déj ? 104
Les cinq aliments « brûle-graisses » 109
Le sucre, cette douceur qui nous perdra ! 113
Comment arrêter de grignoter le soir 115
Je veux un ventre plat : je soigne mon microbiote 119
PROLOGUE 121

PREAMBULE

J'ai découvert la sophrologie un peu par hasard il y a quelques années. J'ai débuté les séances dans l'optique de me relaxer, me détendre... Un petit moment pour moi, bienvenue, au même titre qu'une séance de massage, pensais-je...

Mais c'est un monde extraordinaire de multiples couleurs et saveurs qui s'est ouvert à moi. Une surprenante et magnifique rencontre. Apprendre à s'écouter pour mieux se connaître et penser positivement, voici deux notions qui ont déclenché un point de non-retour. Pour la personne que j'étais, habituée à vivre comme un automate, j'avais l'impression d'avoir trouvé le Graal... Et surtout, j'avais enfin trouvé une solution au travers cette discipline pour débrancher le pilote automatique et enfin me relier à mon corps.

En parallèle, j'avais créé une petite société de coaching minceur. En effet, adolescente et jeune adulte, « je me portais bien » comme on dit. Des rondeurs qui ont endommagé l'estime et la confiance que je me portais. J'ai expérimenté ainsi tous les régimes, tenté tous les impossibles, car force est de constater que cela ne fonctionnait pas, et pire, je m'arrondissais davantage à chaque tentative et échec cuisant. Et puis un jour, j'ai décidé de stopper cette course effrénée à la minceur. J'ai appris, non sans mal à respecter mon corps, à m'écouter pour respecter mes besoins et... à mincir !

Forte de cette expérience, mettre en pratique mes connaissances pour aider des personnes en mal-être dans leur corps m'a semblé une évidence. Je me suis formée à la psycho neuro nutrition et j'ai pris plaisir à accompagner des personnes vers leurs objectifs minceurs. Mais je me suis vite rendu compte que je n'avais pas toutes les clés et que le mental a une importance capitale sur la perte/prise de poids (et sur le bien-être en général !). Et que certains blocages étaient plus difficiles à balayer que je n'avais prévu…. N'ayant pas de formation en psychologie, j'étais limitée dans ma pratique et un peu désarçonnée…

Et j'ai repensé à la sophrologie, ces techniques simples mais extraordinairement efficaces. Cela m'a donné envie de partir à la conquête de cette discipline que j'avais hâte de découvrir plus intimement, et à la conquête d'un métier que j'exerce avec ferveur… J'avais un grand besoin de m'épanouir dans une activité enrichissante qui me permette d'être et de vivre en fonction de mes valeurs. La sophrologie m'a dévoilé des méthodes et techniques profondément enrichissantes et a dessiné les contours d'une discipline pleine de richesse qui fait écho à mes aspirations les plus profondes.

Parlons de vous maintenant !

Vous ne vous sentez pas très à l'aise dans vos baskets ? En cause, une récente prise de poids ou cette obsession de vouloir fondre un peu pour retrouver votre poids idéal. Au menu : alimentation équilibrée et sport. Ou pire, régime strict ! **Mais la clé pour perdre du poids n'est pas dans les régimes !** D'ailleurs, je n'aime pas le mot « régime », synonyme de privation, de frustration, et surtout d'échec car aucune méthode restrictive ne fonctionne à long terme (97 % des régimes sont voués à l'échec) ! Mais alors, la sophrologie peut-elle vous aider à maigrir ?

C'est indéniable, pour réussir à perdre du poids durablement, il faut comprendre son comportement face à la nourriture et l'associer à un vrai travail de fond sur les émotions et le stress, qui, mal gérés, nous amènent à mal manger !

Je vous propose d'apprendre des techniques simples de sophrologie pour vous accompagner vers votre équilibre minceur. Car, **associée à un équilibre alimentaire, la sophrologie peut réellement favoriser la perte de poids et vous aider à mincir durablement**.

Grâce à la sophrologie, vous pourrez :

- ✓ Identifier les facteurs qui ont favorisé cette prise de poids.

- ✓ Avoir une meilleure connaissance de votre corps (ses besoins alimentaires, ses sensations alimentaires, ses goûts et plaisirs).

- ✓ Réapprendre la satiété afin de manger seulement quand vous avez faim.

- ✓ Stopper les fringales et être « rassasié(e) » plus vite.

- ✓ Trouver un état de sérénité et de paix intérieure.

- ✓ Avoir une meilleure gestion du stress et des émotions.

- ✓ Retrouver l'amour et l'estime de soi.

- ✓ Renforcer votre confiance ainsi que votre motivation.

La psycho neuro nutrition, Késako ?

Quand on veut mincir, c'est toujours la même chose. Tout le monde sait comment faire : manger trois repas par jour sans grignoter, augmenter les portions de fruits et légumes et limiter les aliments trop gras et trop sucrés. Quoi de plus facile à appliquer ? Mais alors, pourquoi traversons-nous depuis plus de 30 ans une épidémie d'obésité mondiale sans précédent ?

Les neurosciences décrivent scientifiquement l'homme comme un être global au sein duquel, le mental et les émotions sont en interaction permanente. Ainsi, pour maigrir, il faut tenir compte de l'individu dans sa globalité.

Aucun régime ne peut donner de résultats durables tant que l'alimentation reste la première préoccupation.

En s'appuyant sur les dernières découvertes en neurosciences sur les besoins essentiels du cerveau et du psychisme, la psycho neuro nutrition vise non seulement le traitement des symptômes, mais également la compréhension des causes de nos schémas psychiques et comportementales (telles que notre suralimentation).

On part du bon pied !

Pour que vos résolutions minceurs ne tombent pas à l'eau, il est important de bien préparer le terrain. En effet, vous ne pouvez pas tout miser sur la modification de votre assiette. C'est impossible. Car, d'une part, c'est profondément frustrant de regarder Chéri(e) se délecter de ses frites pendant qu'on l'on picore quelques haricots (et à longue échéance, c'est une torture !). Et d'autre part, vos incommensurables efforts de restrictions ne peuvent pas perdurer sur le long terme.

Ainsi, adapter une routine slim, c'est aussi prendre soin de soi, de son sommeil, de sa vitalité et de son mental. C'est également renforcer ses motivations. Se muscler, muscler son mental, ne vous fera pas mincir en soi, mais sera d'une aide sans égale.

Mincir, c'est également respecter son corps, et mettre en place des règles d'hygiène générales qui vous permettront de vous sentir plein(e) d'énergie, avec un mental d'acier (et l'on est bien d'accord que l'on ne va pas facilement se laisser tenter par un carreau de chocolat (voire plusieurs) si notre forme mentale est optimale.

C'est pour cette raison que je vous conseille dès à présent de mettre en place les clés citées dans les prochains chapitres. Vous y gagnerez. Gagnerez en confiance en vous, en énergie, en état d'esprit victorieux.

Vous vous apercevrez que certaines recommandations sont citées à plusieurs reprises. Pas d'inquiétude, c'est normal car elles sont importantes, je veux juste m'assurer qu'elles sont bien intégrées. Vous vous apercevrez également qu'il n'y pas de formulation toute faite, avec des objectifs pour chaque semaine, ni de planning de repas imposés. Car votre corps sait ce qui est bon pour lui, si vous respectez ses sensations de faim, d'envies, vous mangerez en toute conscience de façon équilibrée. Et puis, on est tous différents, on a donc des besoins, des envies qui ne sont pas similaires. Acceptez votre singularité, et faites-vous confiance, c'est la voie de la réussite !

Prêt(e) ? Alors, c'est parti 😊.

RENFORCEZ VOS FONDATIONS POUR ASSURER VOTRE SUCCÈS

Comment mincir sainement et durablement ?

Pour retrouver votre poids idéal, vous respectez scrupuleusement le dernier régime à la mode et vous perdez ainsi quelques kilos au rythme de nombreux efforts et restrictions… Mais au fur et à mesure du temps, votre motivation s'effrite, vous relâchez votre contrôle et les kilos reviennent fugacement…

Donc si 97 % des régimes sont voués à l'échec (oui, je sais j'insiste ☺), mettez d'ores et déjà en place ces trois conseils pour mincir durablement.

1. <u>Je mange équilibré et varié</u>

Evitez de violenter votre corps avec des régimes drastiques ! Manger équilibré est l'un des piliers de la minceur mais surtout, la garantie d'un poids stabilisé ! Equilibrer son alimentation permet de fournir au corps les nutriments indispensables à son bon fonctionnement. Il suffit parfois de peu de choses pour manger plus équilibré, sainement et finalement en moins grande quantité tout en gardant le plaisir des papilles.

Selon l'OMS, une assiette équilibrée doit contenir : 1/4 de féculents, 1/4 de protéines et 2/4 de légumes.

Les protéines peuvent être d'origine animale (viandes, volailles, poissons, crustacés, ou œufs) ou végétale (tofu, légumes secs comme les lentilles, les fèves etc). Les légumes peuvent être crus ou cuits. Les féculents peuvent être des pâtes, du riz, des pommes de terre, des légumineuses (haricots secs, pois chiches, lentilles, etc), des céréales (quinoa, boulgour, millet, le sarrasin, etc).

Vous pouvez ajouter de l'huile d'olive, de colza, de noix, de lin pour l'apport en lipides, une portion de laitage ou un fruit à mâcher.

L'équilibre alimentaire se fait sur plusieurs jours. Donc n'hésitez pas à varier votre alimentation, avec des produits de saison et non transformés.

Capsule d'inspiration culinaire

Tartines douceur

Ingrédients
Pain campagne
Lamelles de poulet
Tomates
Poivrons
Thym
Huile d'olive
Feta

Une façon rapide et simple d'équilibrer son alimentation lorsque le temps presse, est de se concocter des tartines. On peut ainsi facilement incorporer des protéines, féculents et nos légumes préférés. C'est facile à préparer, et c'est succulant !

2. J'adopte une activité sportive

Peu importe l'activité (sport, marche, bricolage, jardinage, danse...), on se bouge. La marche par exemple, accessible à tous, comporte de nombreux bienfaits. A raison d'une demi-heure par jour, la marche améliore notre état de santé générale et notre état émotionnelle :

- la marche tonifie le corps,
- brûle des calories,
- a un impact sur notre humeur, notre bien-être mental,
- réduit le risque de maladie cardiaque et de diabète de type 2,
- atténue les conséquences négatives de l'arthrose,
- diminue le cholestérol,
- baisse la tension artérielle,
- augmente la densité osseuse, ce qui prévient l'ostéoporose,
- soulage les maux de dos, etc.

J'arrête de « manger mes émotions »

Le stress est un des premiers facteurs de prise de poids. En apprenant à se détendre et à gérer de manière zen ses émotions, la sophrologie est un excellent moyen de gérer ses compulsions alimentaires.

Car un mal-être, un stress, des angoisses, un ennui nous fait manger compulsivement même si nous n'avons pas faim. Nous avons alors une fausse sensation d'atténuer nos émotions négatives. Mais malheureusement, puisque c'est un leurre, cela ne dure pas... Et vous enclenchez une boucle sans fin. Il est temps de changer vos habitudes ! Et pour cela, rien de tel qu'un exercice de sophro.

Boîte à outils sophro : Je me libère du stress

Vous rentrez du travail exténué(e) et vous ressentez une envie de manger, d'engloutir un peu de douceur. Un moment rien que pour vous qui va vous permettre de décompresser. Alors, vous vous posez sur le canapé avec les biscuits dérobés aux enfants… Il ne s'agit pas de vraie faim ! Et la sophrologie apprend à mieux gérer ses petites pulsions qui ne sont pas liées à un besoin biologique.

Alors, pour éviter de ruiner vos efforts, voici un exercice qui vous aidera à calmer les envies de craquer.

Mettez-vous debout, à votre aise, sans raideur, ni tensions. Les pieds sont écartés de la largeur de votre bassin. Votre dos est relâché et votre tête est dans le prolongement de votre colonne vertébrale.

- Inspirez doucement par le nez tout en gardant les bras tendus le long de votre corps, les poings fermés. Retenez votre respiration et contractez vos muscles quelques instants.

- Haussez les épaules plusieurs fois (en gardant les bras droits) et les poings serrés.

- Puis relâchez les épaules en soufflant fortement par la bouche en ouvrant les poings comme pour vous libérer de ces tensions présentes en vous.

Enchaînez l'exercice deux autres fois.

Cet exercice de sophrologie est à pratiquer idéalement à chaque besoin de grignoter.

Transformez votre motivation en détermination !

Pas de réussite sans objectifs !

<u>Quel que soit votre objectif, engagez-vous !</u> **Et programmez votre cerveau pour vous amener à la réussite de vos projets.**

Est-ce que vous participeriez à un marathon sans entraînement et préparation ? Est-ce que vous vous lanceriez dans la création d'entreprise sans planification, stratégie, sans objectifs à court moyen et long terme ? Non, car vous partiriez à perte, n'est-ce pas ?

Pour éviter les abandons, les désillusions, mais aussi les démotivations, on ne se lance pas à la légère dans un programme minceur, comme dans un changement de vie, on définit ses objectifs et une stratégie efficace.

Alors, définissons ensemble votre stratégie personnalisée de la réussite avec ces quelques clefs. La définition claire de ce que vous souhaitez obtenir compte pour 80 % dans votre réussite !

« Un objectif bien défini est à moitié atteint. » Abraham Lincoln

Voici les sept points à vérifier avant de vous lancer

1. Choisissez un objectif ambitieux et réalisable.

Il doit vous faire rêver, vous challenger, vous motiver (vous pouvez par exemple vous acheter un vêtement que vous rêverez de porter une fois votre perte de poids atteint), mais si notre objectif est irréaliste, vous allez rapidement baisser les bras !

2. La réussite que vous cherchez ne doit dépendre que de vous, de votre besoin unique.

<u>Les questions à vous poser</u> : Vos objectifs vous appartiennent-ils ou vous souhaitez faire plaisir à quelqu'un ?

3. A combien évaluez-vous votre motivation sur une échelle de 1 à 10 ?

Si votre note est inférieure à 8, revoyez vos objectifs, car votre motivation n'est pas suffisante.

<u>Les questions à vous poser</u> : Pourquoi cet objectif est important pour vous ? Que va-t-il opérer comme changement significatif dans votre vie ? Qu'allez-vous perdre ou gagner en atteignant cet objectif ?

4. Vérifiez quels sont les obstacles qui peuvent s'opposer à votre réussite.

<u>Les questions à vous poser :</u> Quelles sont les ressources dont je dispose pour mener à bien ce projet ? Est-ce que j'ai bien tout évalué ?

5. Vérifiez dans quelle mesure votre projet est prioritaire.

Evaluez-vous sur une note de 1 à 10. Si vous avez un score inférieur à 7, vous êtes peut-être dans l'ambivalence (vous souhaitez mincir, mais en même temps, vous avez du mal à vous défaire de certains plaisirs).

<u>Les questions à vous poser</u> : Suis-je prêt(e) à renoncer à certaines habitudes nocives ? Est-ce que c'est le bon moment, est ce que je suis prêt(e) à m'engager ?

5. Ayez conscience que ne pas choisir, c'est déjà faire un choix.

6. Pour ne pas perdre de votre motivation, vous devez définir un résultat vérifiable et mesurable.

Mettez en place des repères permettant de mesurer votre progression et savoir quand vous aurez atteint votre objectif. Utilisez ainsi soit une quantité (« Je veux perdre 5 kg »), une fréquence (« Je m'engage à faire du sport trois fois par semaine »), une qualité (« Je veux pouvoir me présenter à ce mariage avec aisance »).

<u>Les questions à vous poser</u> : Puis-je mesurer si mon objectif est atteint ? Quels jalons vais-je mettre en place pour checker ma progression ?

7. Donnez une date butoir à votre objectif.

Le fait de vous fixer une échéance vous maintiendra dans une énergie positive et constructive et vous évitera de procrastiner ! Votre objectif est sur du long terme ? Fixez-vous des objectifs intermédiaires à court terme, et respectez les étapes dans vos objectifs.

Car, c'est décidé, cette fois-ci, pas de procrastination : on ne remet pas à demain ce que l'on peut faire aujourd'hui. Nos bonnes résolutions minceurs ne seront pas un vœu pieu, mais bel est bien une réalité !

Voici vos résolutions à tenir dès maintenant pour des résultats mesurables

Résolution n° 1 : je commence la journée par un bon petit déjeuner !

Si l'adage populaire « *Petit-déjeuner comme un roi, déjeuner comme un prince et dîner comme un mendiant* » a toujours cours, c'est parce qu'il reflète exactement la bonne répartition des apports nutritionnels tels qu'ils devraient être dans une journée. Le petit-déjeuner constitue un repas clé. Après une nuit de jeûne, l'organisme a besoin d'énergie pour recharger ses accus. Pourtant, beaucoup d'entre nous n'en prennent jamais, faute de temps ou d'appétit….

En « petit-déjeunant », on évite la faim pendant la matinée, on ne grignote pas, on ne dévore pas à midi… En effet, si on ne mange rien le matin, quand vient le déjeuner, notre corps est en manque d'énergie et stocke alors tout ce qu'il reçoit, même si c'est peu.

Résolution n°2 : je (ré)investi ma cuisine !

Ce que l'on mange façonne notre corps, nos muscles, nos organes, notre forme et les aliments ont un réel impact sur notre santé physique et mentale. Alors apportons les meilleurs nutriments pour notre bien-être, et pour que notre corps soit sain et plein d'énergie !

On choisit ainsi les circuits de distribution courts, on revêt son tablier, on se met aux fourneaux **et on ne fait jamais ses courses à jeun** !

Résolution n°3 : j'arrête de grignoter !

Le grignotage est souvent source de kilos insidieusement gagnés sur le long terme. Une petite barre de chocolat par ci, deux-trois biscuits par là... et une addition calorique qui s'alourdit, au fil du temps. Non seulement ce grignotage empêche de bien manger aux repas, déstructure l'équilibre alimentaire sur la journée, mais en plus n'apporte rien en termes nutritionnels. <u>On lui préfère une collation qui apporte des nutriments (minéraux, vitamines) et des fibres.</u>

Résolution n°4 : je bois 1,5 l d'eau par jour... au minimum !

20 % de concentration en moins à l'issue d'une mauvaise gestion de notre hydratation ! Première routine quotidienne pour être en forme : boire ! Et boire de l'eau (les boissons sucrées n'apportent que des calories vides).

Résolution n°5 : j'apprends à gérer mes écarts !

Privilégiez un rythme structuré pour vos repas (on ne saute pas un déjeuner pour alléger la facture calorique d'un dîner copieux la veille ou en prévision d'un dîner riche à venir : on l'adapte !). Privé d'apports caloriques réguliers, l'organisme se venge et stocke en prévision de privations futures. En cas d'écart sur un repas ou une journée, pensez à rééquilibrer vos apports caloriques le repas suivant ou le jour suivant.

En adoptant pour de bon toutes ces résolutions, et en respectant votre faim (la faim réelle, pas celle qui répond à une fatigue, une angoisse, ou une tension), l'équilibre alimentaire sera au rendez-vous. A vous forme, bien-être et à terme minceur !

Capsule d'inspiration culinaire

Coupe fraîcheur

Ingrédients
Fromage blanc
Chocolat noir 85% mg
Noix
Graines courges et tournesol
Fruits secs (goji)

Voici un exemple de collation que j'aime préparer (et surtout déguster 🙂). J'ai simplement utilisé du fromage blanc. Je ne sucre pas le fromage blanc mais rajoute quelques fruits frais et secs pour leur saveur douce et fruité et des copeaux de chocolat noir à 85 %.

A bonne détox, bonne minceur !

Éliminer les toxines qui polluent notre corps est une condition *sine qua non* pour conserver sa vitalité, sa santé et maximiser sa perte de poids.

Pour maigrir, il est essentiel que les organes qui sont chargés de la transformation des aliments fonctionnent de la manière la plus efficace possible. Un organisme qui est encrassé, pollué, va mettre en réserve une grande partie de ce qu'il absorbe.

Par exemple : le foie produit des enzymes digestives. Lorsqu'il est chargé de déchets, il en fabrique moins, ce qui entrave la bonne assimilation de la nourriture. En dépolluant les organes digestifs, les gestes détox permettent de valoriser leur efficacité et de garantir le bon déroulement du scénario que notre organisme réitère plusieurs fois par jour.

Par ailleurs, la modération est essentielle. Il est préférable de mobiliser son énergie quotidienne pour autre chose que la digestion. N'usez pas prématurément votre organisme en lui demandant de trop en faire. Observez votre fatigue après un repas copieux et vous aurez une idée de toute l'énergie que le corps a dû utiliser pour transformer et absorber ces aliments. **Mettez-vous à table si vous avez faim, mais pas par obligation ou par routine.**

Il y a plein de substance détox qui ont un impact sur la minceur : les fibres par exemple dont l'usage est conseillé pour détoxifier l'intestin, préserver l'équilibre de la flore intestinale et favoriser l'hydratation des selles. Elles freinent notamment l'absorption des sucres (la prise de poids est liée à une mauvaise gestion de l'insuline (qui freine le déstockage des graisses). Si on ralentit l'absorption des sucres grâce aux fibres, on ralentit la production d'insuline.

Règles détox :

Déclenchez votre détox au début de la phase minceur et pendant une durée de minimum une semaine. Cette phase, même si elle n'est pas restrictive en termes de calories, est importante car elle amorce un changement de pratique alimentaire.

Faites une cure de jus citron

Boire tous les matins à jeun la moitié d'un jus de citron dans un verre d'eau tiède pendant deux à trois semaines. Les bienfaits : diurétique, agit comme un anti-acide, apporte des minéraux.

Mâchez plus

Bien mâcher, c'est mieux maigrir, car c'est dans la bouche que commence la digestion. Une meilleure fragmentation des aliments multiplie par deux ou trois l'efficacité des enzymes digestives, l'estomac aura donc une facilité à effectuer son travail, ainsi que les émonctoires. Par ailleurs, c'est dès les premières bouchées que la satiété commence à se mettre en place. Plus vous mastiquez, plus tôt vous déclenchez l'effet de satiété (la mastication pour le cerveau diffère d'avaler).

Buvez de l'eau

Ce liquide est indispensable pour « diluer » les toxines qui encombrent votre organisme et pour favoriser leur évacuation. Un verre d'eau (à température ambiante, l'eau froide entrave la digestion et l'assimilation des aliments car elle provoque un spasme du tube digestif) ou une tisane toutes les heures. Le premier verre d'eau est à prendre le matin 15 min avant le petit-déjeuner. Pas trop d'eau pendant le repas (car en se diluant aux sucs gastriques, elle en diminue l'efficacité).

Pratiquez une activité physique chaque jour

Quand on marche à cadence régulière (1/2 heure par jour) les muscles que l'on met en activité massent les principaux organes de digestion et d'assimilation ce qui favorise leur drainage métabolique et encourage le système naturel. La marche apaise le système nerveux (donc moins de stress, moins de production toxique, moins de production de cortisol donc moins de stockage graisseux).

Videz vos placards et votre frigo de tout ce qui pourrait vous tenter

Lors d'une détox, vous allez limiter (voire stopper) la consommation de produits laitiers, d'aliments industriels, de viande rouge, de café, d'alcool, de sucreries… Ne gardez pas chez vous ce type d'aliments (si vous le pouvez), car il est bien connu que moins il nous est conseillé de manger quelque chose, plus on en a envie… Faites donc le vide dans vos placards, allez faire vos courses l'estomac plein et achetez des aliments sur lesquels vous pouvez craquer sans souci : radis, carottes, chou-fleur, amandes, pain complet, chocolat noir à minimum 70 %, compote de pomme (non sucrée), etc.

On gère les polluants mentaux et émotionnels

Les recherches en neurosciences ont montré que l'organisme se défend et fonctionne mieux s'il est libéré du stress. Donc, on fait une diète médiatique, on fait attention à sa respiration, on se met à la cohérence cardiaque, au yoga, etc.

Prenez soin de votre sommeil

L'idéal : manger avant 19 h 30 et se coucher avant 22 h 30. Ainsi le système digestif bénéficie d'un maximum d'heures de repos : c'est en effet pendant la nuit que la détoxication opère au maximum. N'hésitez pas, si vous le pouvez, à ajouter une sieste à votre quotidien ! Pas de doute, c'est le moment de prendre soin de vous !

Passez au vert !

Le principe de base d'une détox est de limiter tous les aliments générant des déchets et des toxines : la viande rouge, les abats, la charcuterie, l'alcool, les aliments sucrés, le sel et les produis salés, les produits laitiers, les produits gras comme le beurre et le fromage, les excitants comme le café, le thé noir, le chocolat ainsi que les sodas (sans oublier le tabac qui n'est pas un aliment, mais un grand polluant). On va alors privilégier les végétaux et surtout les légumes verts, car ce sont les plus diurétiques, drainants et digestes de tous les aliments. Le bon repère ? **Il faut compter 50 % de végétaux à chaque repas à minima** (soupe, salade, légumes crus ou cuits, fruits).

Pensez complet

Évitez les aliments industriels, ultra raffinés, responsables de l'acidification et de l'inflammation de l'organisme. Même si vous continuez à manger du gluten lors de votre cure détox, remplacez le pain blanc par du pain complet bio et préférez les pâtes et le riz semi-complets ou complets. Les fibres et les vitamines (B en particulier) contenues dans ces aliments vont vous aider à assainir votre système digestif et à équilibrer votre système nerveux.

Une détox est loin d'être une punition, alors amusez-vous : testez de nouveaux produits (comme les graines germées), de nouvelles recettes et profitez de cette période pour vous faire du bien, dans le respect de soi (massage, sauna, etc.).

Capsule d'inspiration culinaire

Salade fraîcheur

Ingrédients
Salade
Tomates cerises
Graines de grenade
Mozzarella
Carottes anciennes
Figues

Voici une salade gourmande, et appétissante pour la phase détox. Vous pouvez accompagner ce plat de protéines (poisson, œufs, etc..) ainsi qu'une tranche de pain complet pour l'apport en féculent rassasiant. La mozzarella est pauvre en calories, mais je vous invite pendant la phase détox à l'utiliser avec parcimonie (juste pour le confort visuel et gustatif...).

Cultivez votre énergie vitale

Cet engrenage ne nous est pas inconnu : le stress, les soucis, un sommeil déréglé et peu réparateur, et un cycle infernal s'installe engendrant fatigue, épuisement, et surconsommation d'aliments. Mais, pas de panique ! On ne se laisse pas abattre et on adopte les bons réflexes pour retrouver son énergie !

L'énergie est sans doute notre ressource la plus précieuse. L'énergie est au cœur de la réussite de toutes nos actions, nos projets et surtout de nos projets minceur ! Plus on a de l'énergie et mieux on se sent pour révéler notre potentiel, et donner le meilleur à nos actions et plus on est motivé. On se sent plus efficace, plus enclin à la bonne humeur, la joie de vivre. Et l'on se réfugiera moins dans les aliments conforts ! Mais si nous avons appris à gérer un budget, à gérer notre carrière professionnelle, personne ne nous a jamais initié à la gestion de son énergie.

Notre énergie : une connivence de notre corps et notre esprit

L'énergie repose sur ces trois facteurs, profondément liés et interdépendants :

- L'énergie physique.
- L'énergie mentale, nerveuse.
- L'énergie émotionnelle, psychique.

La fatigue intervenant dans un domaine entraînera des répercussions sur les autres. Par exemple, une activité physique menée au-delà de nos limites corporelles va entraîner une fatigue nerveuse. Nous nous sentirons ainsi énervé(e)s, irritables. L'inverse est également vrai, si nous sommes stables émotionnellement, nous nous sentirons en forme.

Comment gaspillons-nous notre énergie ?

- Quand nous déséquilibrons notre alimentation.
- Quand nous pensons négativement.
- Quand nous sommes trop dans la réaction émotionnelle.
- Quand nous respiration mal.
- Quand nous avons un rythme de vie effréné, que nous effectuons plusieurs tâches simultanément.
- Quand nous nous privons de sommeil.
- Quand nous avons une activité physique insuffisante.
- Quand nous vivons des périodes de stress intenses sans nous rebooster.

Apprendre à détecter les signaux faibles de fatigue afin de s'en occuper immédiatement

Vous enchaînez les activités et vous avez besoin de café, de stimulants pour maintenir votre niveau d'énergie à flot ? Il est temps de prendre soin de vous !

L'histoire est souvent identique : les personnes que je reçois en consultation ne prêtent pas attention aux messages que renvoie leur corps. Jusqu'à ce que ce dernier se manifeste plus significativement, et rarement de manière anodine (insomnies, douleurs de dos, angoisses, troubles de l'humeur, maux de têtes persistants et prise de poids…). Sans compter que la fatigue peut être source de problèmes au travail, dans nos relations, dans notre foyer. Soyez donc attentif(ve) à vos états internes, à vos sensations car ils sont révélateurs !

Des solutions simples pour faire le plein d'énergie

En fonction de vos ressentis : bougez-vous ou reposez-vous !

Une fatigue physique à la suite d'un entraînement sportif ou à un travail manuel est tout à fait normale. Dormir ou se reposer permet simplement de recharger ses batteries.

La sédentarité ou un excès de fatigue psychique (nerveuse) entraîne une fatigue physique ! *Alors, bougez-vous !* Si vous ne faites pas de sport, marchez au moins 30 minutes par jour.

Buvez régulièrement de l'eau

Je le répète : bien s'hydrater est fondamental pour être en bonne santé et garder son énergie. Et attendre d'avoir soif est une mauvaise idée : nous sommes déjà en déshydratation lorsque la sensation de soif est ressentie. Une perte de 1 % d'eau de notre poids a pour conséquence une perte de 10 % de nos performances physiques !

Équilibrez et variez votre alimentation

Evitez de manger trop gras, sucré, salé et privilégiez les produits de saison. **Nous consommons en moyenne 100 grammes de sucre par jour, soit le double des rations préconisées !** Un surcroît de sucre va engendrer une hypoglycémie entraînant fatigue, mauvaise humeur...

Déconnectez

Faire une pause est considérée comme un luxe. Pourtant, déconnecter est essentiel pour se ressourcer et retrouver son énergie. Un excès de sollicitation, de mails à gérer, de problèmes à résoudre, ne peuvent que produire une fatigue récurrente. Vous octroyer des plages de déconnexion augmentera votre performance. Vous obtiendrez plus de résultats, plus vite et avec moins de moyens. Alors, aérez-vous, changez d'environnement et débranchez ☺

Faites attention à la façon dont vous respirez

Nous effectuons mécaniquement environ 23 000 respirations par jour et notre cerveau à lui seul consomme 35 % de l'oxygène inhalé ! La respiration, c'est l'oxygénation du sang qui véhicule la vitalité dans toutes les cellules de l'organisme : le cerveau, le système nerveux, le système musculaire, les fonctions digestives, les sens… Vous serez ainsi pleinement connecté(e) à vos sensations et vos besoins.

La boîte à outils sophro : La sieste flash

Pour une récupération rapide et efficace, adoptez la sieste flash. La sieste flash peut se pratiquer discrètement, n'importe où (sauf au volant bien sûr). Contrairement à la sieste traditionnelle, **aucun risque de perturber la nuit à venir** même si vous faites une sieste flash à 19 h.

Voici comment la pratiquer (vous pouvez suivre les instructions suivantes ou vous laissez guider par un enregistrement, le lien est sur la page suivante).

- ➢ Asseyez-vous confortablement, les pieds à plat sur le sol, le bas du dos droit.
- ➢ Fermez les yeux et prenez conscience de vos points d'appui (votre dos, votre bassin, vos cuisses, vos pieds).
- ➢ Inspirez et expirez longuement, tout doucement en fixant votre attention sur votre souffle.
- ➢ Laissez vos muscles se relâcher : inspirez en vous concentrant sur votre visage, expirez en relâchant complètement votre visage.

Idem pour les épaules, le dos, le thorax, le ventre, le bassin, les jambes… jusqu'aux orteils.

Etirez-vous, baillez et inspirez profondément, puis soufflez puissamment. Vous pouvez maintenant ouvrir les yeux.

Le système lymphatique

Toute cellule respire et va éliminer ses déchets.

Mais un corps qui est engorgé va très facilement garder le cortisol qu'il a sécrété. Le cortisol est nommé hormone d'engraissement car il influence le métabolisme des graisses et contribue à stocker ces dernières. Par ailleurs, un excès de cortisol favorise la fatigue. Lorsque l'on a une baisse d'énergie, on a le sentiment que l'on a besoin d'aller chercher de l'énergie. Cette énergie, on a tendance à la chercher dans la nourriture.

Le système lymphatique est un réseau d'épuration et de drainage composé de ganglions, et de vaisseaux. Toutes nos cellules baignent dans la lymphe. Notre corps recèle huit à dix litres de lymphe (contre cinq litres de sang).

La lymphe traverse les ganglions lymphatiques ou les cellules mortes et toutes les matières toxiques vont être évacuées.

Le système lymphatique est activité par la respiration (et surtout la respiration profonde). Les cellules dépendent entièrement du système lymphatique pour évacuer les matières toxiques volumineuses et les liquides dont l'excès va réduire la quantité d'oxygène disponible.

Le système sanguin dispose d'une pompe mais pas le système lymphatique. Le seul moyen pour faire circuler la lymphe est la respiration et l'activité musculaire.

Pour que le système lymphatique soit sain, il faut donc respirer profondément et faire des mouvements qui le stimulent.

La respiration diaphragmatique (la respiration profonde) est le moyen de stimulation le plus efficace. La respiration profonde et les exercices musculaires accélèrent l'évacuation des toxines.

Ceci est primordial pour que vous puissiez vous sentir de mieux en mieux et plus en forme. Et lorsque on se sent bien, on n'a pas besoin de manger (car rappelez-vous, si on se sent fatigué(e), on a tendance à manger). **Donc quand on n'oxygène pas assez nos cellules on va avoir faim.**

La boîte à outils sophro pour activer son système lymphatique

La respiration est le moyen le plus efficace pour épurer notre organisme :

Inspirer sur un temps, retenez votre respiration sur quatre temps, expirez sur deux temps.

Selon votre puissance respiratoire, vous pouvez inspirer sur deux secondes, retenir votre respiration sur huit secondes et expirer pendant quatre secondes.

Essayez d'augmenter au fur à mesure, soit :

Ou 3, 12, 6

Ou 4, 16, 8

Faites ceci trois fois par jour, dans le calme et principalement dix minutes avant les repas (car avec une respiration saine, le corps a déjà une partie de ses besoins, vous mangez alors que ce dont vous avez besoin).

ECOUTEZ VOTRE CORPS ET NON VOTRE MENTAL

Ne mangez que lorsque vous avez faim

Tout le monde sait que les régimes ne marchent pas et pourtant, à chaque printemps, on voit ressurgir de nouveaux programmes « miracle » ayant la prétention de vous faire perdre rapidement vos kilos superflus. *Ne vous laissez pas tenter !*

Et oui, en mangeant peu, il est facile de perdre quelques kilos, mais le problème est que l'on risque de perdre essentiellement du muscle et non de la masse grasse. Et lorsque l'on perd du muscle, on diminue son métabolisme de base et on brûle moins de calories au repos.

C'est d'ailleurs pour cette raison, que si vous n'êtes pas disposé(e) à faire du sport, il vous sera difficile d'accéder à des résultats durables !

Alors, comment procéder ? **En mangeant uniquement lorsque vous avez vraiment faim et en vous posant des questions sur ce dont votre corps a besoin.**

Et puisque l'on est mieux armé(e) lorsque que l'on connaît son ennemi (car oui, les fausses faims sont votre adversaire numéro un car elles ralentissent l'accomplissement de objectifs minceurs), voici les principales raisons qui vous poussent à manger :

Vous pouvez avoir soif

Le cerveau ne fait pas de distinction entre la soif et la faim. Alors, dans le doute, commencez par boire…

Le manque de sommeil

Nous consommons environ 20 % de nourriture en supplément lorsque nous sommes en carence de sommeil.

Hypoglycémie réactionnelle

L'hypoglycémie réactionnelle est une faim impérieuse, accompagnée certaines fois de mauvaise humeur, de tremblement. A l'origine, un encas, un repas trop chargé en glucides (les sucres sont absorbés rapidement et provoquent une hausse rapide du taux de sucre sanguin, suivi d'une baisse qui peut aussi être tout aussi rapide). D'où l'importance de porter une attention particulière à l'index glycémique de nos repas (cela sera abordé prochainement).

La fatigue

Nous avons besoin de repos, mais, au lieu de cela, nous allons ingurgiter des aliments riches en espérant en vain trouver en eux un peu d'énergie.

La faim émotionnelle

Elle répond à un ennui, une anxiété, un stress. Nous avons besoin de réconfort et pour y répondre, nous plongeons nos papilles en ébullition dans un paquet de chips ou de bonbons.

Votre corps est un parfait régulateur de santé, de poids et de nutrition pour vous ! Votre corps n'a jamais cessé de vous envoyer des messages physiques sur la manière de manger ; vous avez simplement appris à ne pas écouter. Et c'est le moment ☺ . Car les personnes minces ne mangent qu'en suivant les signaux corporels de faim. Elles mangent rarement pour des raisons émotionnelles. Elles se sentent libres de manger tout ce qu'elles veulent devant n'importe qui et ne se privent jamais de la nourriture qu'elles désirent.

Mais comment repère-t-on la seule vraie faim ? La vraie faim correspond à un besoin physiologique avec les symptômes suivants :

- Lorsque notre estomac gargouille.
- Lorsque l'on salive davantage.
- Lorsque l'on commence à être fatigué(e), que notre concentration baisse.
- Lorsqu'un léger mal de tête se fait ressentir.
- Lorsque l'on ressent des crampes à l'estomac.
- Lorsque l'on ressent une légère nausée.

En pratique, c'est assez simple d'écouter son corps. Mais, cela demande un peu d'entraînement, surtout quand cela fait des années que l'on ne se fie plus à ses sensations alimentaires. Mais faites-vous confiance ! Et vous aurez en appui les exercices de sophrologie pour vous aider à vous reconnecter à votre corps et ses sensations. Par ailleurs, et pour débuter, attendez la prochaine sensation de faim pour vous mettre à table, même si ce n'est pas l'heure idéale...

La boîte à outils sophro pour chasser une fausse faim

Faire de la faim un atout et non un garde-fou. Car la liste des fausses faims est longue et on peut facilement tomber dans leur piège. Alors, je vous propose de réaliser cet exercice pour évacuer les envies de manger dites « émotionnelles ».

➢ Levez les bras à l'horizontale, les mains ouvertes en inspirant par le nez.

➢ Bloquez votre respiration.

➢ Agitez les mains de gauche à droite et de droite à gauche (identique au mouvement des essuis-glaces). Imaginez effacer votre envie de grignoter.

➢ Redescendre vos bras le long de votre corps en soufflant par la bouche.

Renouveler deux autres fois l'exercice.

Respectez vos sensations de satiété

La satiété se déclenche quand notre organisme a absorbé suffisamment de nourriture pour satisfaire notre besoin en énergie et en calories. Son mécanisme s'amorce dès le début du repas grâce à la mastication. En fin de repas, des signaux sont envoyés au cerveau et une sensation de rassasiement est ressentie. Puis, des hormones comme la leptine sont libérées par l'appareil gastro-intestinal, adressant un signal indiquant qu'il est temps d'arrêter de manger.

On estime que la satiété se manifeste en moyenne une vingtaine de minutes après le début du repas (à partir de la première bouchée). C'est le temps nécessaire pour que votre cerveau reçoive les signaux de satiété. D'où l'importance de ne pas se presser lorsque l'on mange : si vous mangez trop rapidement, la sensation de satiété sera plus longue à arriver et vous mangerez plus que nécessaire.

Plusieurs signaux manifestent l'arrivée de la satiété :

- la diminution du plaisir de manger ;
- le fait de manger moins vite ;
- la lassitude face à son assiette ;
- l'envie de sortir de table ;
- vous êtes en train de manger et cela devient plus difficile de donner à chaque bouchée votre attention totale.

Les conditions du repas sont aussi importantes. Il est préférable de manger, assis, à table sans trop de distraction à côté. Cela permet donc d'être plus concentré(e) sur ce que l'on mange, sur ses sensations et donc de mieux écouter son organisme. La satiété sera alors bien reconnue.

Être à l'écoute de ses envies alimentaires peut aussi aider à arriver à satiété. Si votre corps manifeste une envie d'un plat réconfortant et que vous consommez une assiette de crudités, les besoins de votre organisme ne seront pas couverts. La satiété a alors du mal à se manifester.

Un dérapage ? Ne culpabilisez pas !

Cet ouvrage ouvre les portes à un changement profond. Ce changement est holistique et ne se cantonne pas à un équilibrage alimentaire. Il vous amène à une prise de conscience de ce qui vous pousse à vous suralimenter.

Car tant que vous n'entretenez pas une relation apaisée avec votre être profond, tant que vous n'apprenez pas à vous estimer, vos objectifs minceur seront compliqués. Alors, votre pilote automatique, vos anciens schémas de fonctionnement referont surface et à la moindre contrariété, au moindre problème, aux ressentis de tristesse, d'angoisse, vous aurez tendance à vous suralimenter.

Ce changement peut prendre du temps. Vous êtes en phase d'apprentissage. Acceptez les doutes, les craquages. Ils font partie intégrante du processus de changement. J'ai arrêté ma phase de boulimie il y a plus de 25 ans. Dans certaines situations, j'ai besoin de réconfort, que je vais trouver dans l'alimentation. C'est comme cela, je l'accepte. Cela ne m'empêche absolument pas de maintenir mon poids de forme, car le corps sait compenser naturellement les écarts si on prend la peine d'écouter ses ressentis de faim et de satiété.

Lorsque vous succombez à une boulimie de chips ou chocolat, acceptez ce besoin. Il est présent. Il vous parle. Peut-être que vous n'avez pas pris en compte certaines émotions qui se manifestent ainsi (elles pourraient se manifester par des douleurs physiques, ce n'est pas mieux). Donnez-vous un laps de temps pour ce débordement émotionnel et alimentaire. Personnellement, quand je suis victime de compulsion alimentaire, je me donne l'après-midi, la soirée, et reprends simplement mes bonnes habitudes le lendemain matin. Si vous omettez de vous fixer une limite, votre dérapage pourra perdurer plus que de mesure. Vous avez décidé qu'au petit jour, vous reviendrez à une alimentation équilibrée, alors tenez vos engagements, respectez votre date butoir. Vous démontrez ainsi que vous vous respectez. Ne vous inquiétez pas, plus vous apprendrez à prendre soin de vous, à vous aimer, à chasser votre stress, plus l'alimentation « doudou » se fera distante de votre quotidien.

Boîte à outils sophro pour se libérer de la culpabilité

Voici un exercice simple et efficace pour se libérer du sentiment de culpabilité engendré par les écarts.

Exercice à réaliser trois fois (prenez bien le temps entre deux enchaînements de vous focaliser sur vos ressentis) :

- Inspirez profondément par le nez en plaçant vos mains derrière la tête.
- Bloquez votre respiration.
- Visualisez votre sentiment de culpabilité à éliminer et expirez fortement par la bouche en projetant vos bras vers l'avant et en imaginant vous libérer de votre émotion.

Se nourrir en pleine conscience

Sentir l'eau monter à la bouche et les papilles frémir. Sentir sa faim avant de passer à table, se délecter de toutes les saveurs, se sentir bien et rassasié(e) à la fin du repas.

<u>Manger en pleine conscience, c'est simplement cela</u>. Ce n'est pas un énième outil de développement personnel, ni une simple tendance et encore moins une lubie d'illuminés.

Car manger en pleine conscience, c'est retrouver un lien instinctif à la nourriture ; c'est écouter ses sensations, faire confiance à son corps, laisser parler son instinct, être là dans le moment présent. Il s'agit de diriger son attention sur tout ce qui se passe en soi, à l'instant T.

Une recette simple, non ?

Et pourtant, nous sommes encore beaucoup en pilotage automatique. **Passons donc en mode « conscient » !** <u>Et donnons à nos organes les nutriments qu'ils réclament, mais en appréciant et savourant véritablement chaque repas.</u>

Cinq bonnes raisons de manger en pleine conscience

On s'apaise

S'accorder un temps de repos au déjeuner, profiter d'un bon repas sain, voilà une très belle façon de prendre soin de soi, de participer au sentiment de bien-être, de réduire les tensions et d'évacuer le stress. Et moins de stress, c'est moins de fringales !

On évite le grignotage

Le grignotage est souvent le signe d'un rapport compliqué avec l'alimentation. Manger en pleine conscience, c'est accorder aux repas une place prépondérante. Ainsi, les repas sont plus complets, mieux équilibrés. En avalant moins de glucides simples, on évite les pics d'hypoglycémie à l'origine de fausses faims réactionnelles.

On mange moins

On savoure. Si on décide consciemment de s'accorder un petit plaisir comme un carré de chocolat, on le déguste, on en profite pleinement. Et souvent, on en mangera moins ! La pleine conscience aide à sortir du cercle infernal de culpabilité lié à l'acte de manger et avoir une relation plus apaisée à la nourriture. Le corps renoue ainsi avec ses mécanismes d'autorégulation.

On booste ses performances

Aussi étonnant que cela puisse être, manger en pleine conscience permet de mieux manger, et moins. On choisira ainsi des aliments nutritionnellement plus intéressants, assurant une meilleure santé, aussi bien physique qu'intellectuelle.

Donc, adieu les somnolences de début d'après-midi liées à une digestion difficile, et les petits creux.

On évite les ballonnements

Manger en pleine conscience, c'est laisser le temps aux amylases salivaires de commencer leur pré-digestion chimique en enrobant les aliments et faciliter ainsi le travail de l'estomac et des intestins. Manger trop vite génère donc des ballonnements, puisque le travail de la digestion, qui commence normalement dans la bouche avec la mastication, ne peut se faire correctement et c'est l'estomac qui se retrouve surchargé.

Les étapes clés d'un repas pleinement conscient

Attendez d'avoir faim pour manger

Si vous n'avez pas de contrainte de travail ou familiale, oubliez l'heure, passez à table que lorsque votre ventre crie famine. Sinon, organisez-vous : vous mangez tôt le soir pour les enfants ? Allégez le goûter pour avoir faim tôt.

Renoncez aux régimes

Et surtout ne commencez pas la journée en prévoyant de vous restreindre.

Lorsque vous avez faim, demandez-vous si c'est réellement de la faim

Et non une réaction à une émotion, ou de la gourmandise.

Cela peut suffire à désamorcer une réaction alimentaire basée sur du stress, de la tristesse, de la frustration ou de l'ennui. Si vous n'avez pas suffisamment bu dans les heures en amont du repas, buvez un verre d'eau un quart d'heure avant de vous mettre à table dans le cas où la soif soit interprétée comme de la faim.

Isolez-vous

Il ne s'agit pas nécessairement de manger seul dans son coin, mais prenez votre repas dans un endroit calme et agréable. L'idée étant d'être à l'écoute de ses sensations : déjeunez en paix, en éliminant les pollutions sonores telles que la radio, télé... Mettez également de côté votre téléphone et même les journaux.

Mobilisez tous vos sens

La vue, l'odorat, le goût et le toucher. **Prenez le temps de regarder, d'humer puis de déguster doucement votre repas.** Le plus simple est de poser après chaque bouchée votre fourchette (sinon, vos sens sont focalisés sur la prochaine bouchée et non ce que vous avez en bouche). Mastiquez lentement en savourant votre nourriture.

Soyez bienveillant avec vous et ne vous reprochez pas vos excès.

Attendez seulement d'avoir faim pour le prochain repas. **Faites-vous du bien autrement qu'en mangeant.**

La boîte à outils sophro pour déguster en pleine conscience

Voici un exercice de sophrologie qui va vous permettre de déguster en pleine conscience.

Asseyez-vous confortablement et prenez trois respirations profondes. Prenez un aliment de votre choix (chocolat, grain de raisin, etc.) et suivez les consignes qui suivent.

Vue : regardez-le comme si vous n'aviez jamais rien vu de pareil auparavant. Observez sa couleur, sa taille, son volume, sa forme, ses reliefs...

Toucher : notez son poids, sa texture...

Odeur : portez-le à votre nez et à chaque inspiration, notez son odeur, les yeux fermés. Laissez les sensations apparaître dans le corps, observez les réactions, les émotions qui en émanent.

Goût : toujours les yeux fermés, mettez l'aliment à votre bouche, sans le mâcher. Accueillez les différentes sensations, remarquez le goût qu'il libère.

Ouïe : puis mâchez cet aliment, notez le bruit, les perceptions dans le corps.

Puis inspirez et expirez trois fois profondément. Etirez-vous, et ouvrez les yeux.

NE MANGEZ PLUS VOS EMOTIONS

Nos contrariétés nous font-elles grossir ?

Ambiance tendue au bureau, ou avec sa moitié, coups de blues ? Soit nous avons l'appétit coupé, soit nous trouvons du réconfort dans la nourriture. Les tensions nerveuses ont une incidence sur nos comportements alimentaires. C'est une réalité : notre faim ne dépend pas que de facteurs physiologiques, nous mangeons aussi pour des raisons émotionnelles. On mange en cas de frustration, d'inquiétude voire d'angoisse, ou même de colère.

Les tensions nerveuses modifient ainsi notre comportement alimentaire, la composition de nos repas (on se réfugie davantage dans les aliments gras et sucrés), nos habitudes alimentaires (nous avons davantage de fringales), et notre rapport à la nourriture (nous adoptons des comportements compulsifs).

Par quels mécanismes les émotions dites négatives peuvent engendrer du surpoids ?

Le stress fait manger ! Lorsque l'on est stressé(e) ou angoissé(e) notre corps se prépare à réagir, à faire face, à combattre les dangers réels ou imaginaires. Un ensemble neuronal, métabolique et neuro musculaire est mis en place. Les glandes endocrines, les surrénales vont libérer le cortisol et l'adrénaline. Le cortisol va impacter le taux de glycémie. Le niveau de sucre dans le sang va ainsi s'élever, contribuant à hausser notre réserve de carburant ; nous sommes prêt(e)s à passer à l'action !

Dans des situations de tension répétées, cela va finir par irriter notre organisme, et le fonctionnement de nos hormones va commencer à se dérégler progressivement.

Il en sera de même pour le pancréas qui se voit obligé de produire pour palier le stress un peu d'insuline afin de stabiliser les afflux de sucre dans le sang et va créer plein de petites hypoglycémies : les hypoglycémies réactionnelles nous poussant à manger.

De plus, les périodes de tensions prolongées rendent la sérotonine et dopamine moins efficaces. Or, elles sont impliquées dans le contrôle de la faim et de la satiété. **On perd ainsi la conscience des messages que nous envoie notre corps, et on va trop manger sans s'en rendre compte : cela génère des fausses faims** (un besoin anxiolytique de consommer des aliments sucrés ou gras…). Car manger est un processus calmant pour un grand nombre de personnes ! Mais les pulsions qui nous poussent à manger ne sont pas une réponse à un besoin réel de notre corps ! Donc, nous grossissons… Sans compter que ce n'est généralement pas une orange ou des brocolis qui vont apaiser notre humeur maussade, mais nos choix vont davantage se tourner vers les aliments conforts, doux en bouche, pourvoyeurs d'un sentiment de bien-être dû à la décharge d'endorphine, mais à fortes charges caloriques.

Et ce n'est pas tout : le stress génère généralement un sommeil de mauvaise qualité, ou des insomnies. Or, la privation de sommeil a une incidence sur les hormones de la satiété et de la faim. Mal gérées, nous nous sur-alimentons.

Si vous avez tendance à prendre du poids lorsque les contrariétés s'installent, adoptez ces quatre bons réflexes pour éviter que vos ruminations ne se transforment en kilos sur la balance !

Vous l'aurez compris, nos conditions de vie stressantes nous poussent à manger et bien manger ne suffirait donc pas pour avoir une silhouette harmonieuse et fine. Il faut donc s'occuper de ce stress perturbateur de nos émotions négatives pour mieux gérer notre système de pensées pour ne pas dérégler notre fonctionnement alimentaire : se relaxer, pratiquer du sport, méditer (ou toute activité qui réduit notre anxiété et notre stress) serait donc aussi important qu'une alimentation saine et équilibrée !

1. Je n'ai pas le moral, je mange quoi ?

En cas de moral dans les chaussettes, nous avons tous des aliments « doudou » qui nous réconfortent, cela d'un point de vue purement psychologique. Le cookie ne contient aucun nutriment bénéfique au moral ! **En revanche, certains aliments sont impliqués dans la régulation de l'humeur.** Alors, au lieu de se consoler avec des grands coups de cuillères de Nutella, on préfère une escalope de dinde aux tagliatelles complètes ou du saumon aux épinards ! **Moins sexy, d'accord ☹, mais riche en nutriments, amis d'un moral au top !**

Car une bonne alimentation permet de mieux résister à la fatigue, aux pensées négatives, au stress, et certains aliments sont nos alliés en la matière : magnésium, (c'est le minéral antistress par excellence), vitamines B et C, fer et Oméga 3 sont efficaces dans la lutte contre le stress au quotidien. Pour faire le plein, misez notamment sur les huiles riches en oméga 3, sur la banane, le kiwi et l'avocat excellente source de minéraux et vitamines, ou encore sur le chocolat noir à plus de 70 % de cacao, qui contient du magnésium et réduit le taux de cortisol.

Capsule d'inspiration culinaire

Sandwich végé

Ingrédients
Pain complet
Lamelles de pomme
Tomates
Salade
Feta
Huile olive

Vous aimez les sandwichs ? Voici leur version équilibrée. J'ai utilisé du pain complet et des légumes variés. J'ai préféré une version végétarienne, mais vous pouvez utiliser du jambon cuit de porc ou de poulet.

2. Je mets ma charge mentale en mode détox !

La juxtaposition de nos rôles professionnels et charges familiales nous laissent peu de répit. Quand nos méninges sont sollicitées au-delà de leurs capacités, nous pouvons finir par craquer (et pas que sur la tablette de chocolat !). On booste son capital résistance en s'octroyant tout au long de la journée des micro-pauses. Les pauses sont vos meilleures alliées pour recharger vos batteries et libérer votre énergie. Donc, méditez, respirez, écrivez, marchez en pleine conscience… peu importe, mais oxygénez votre corps comme votre mental. Vous trouverez dans la boîte à outils sophro un exercice pour mettre votre mental sur pause !

3. Je bichonne mon microbiote !

La sérotonine est le neurotransmetteur de l'apaisement, du bien-être, mais celui aussi qui aide à contrôler les pulsions sucrées ! Or 95 % de la sérotonine est produite par l'intestin. Alors, on limite tout ce qui le déséquilibre : additifs, pesticides, sucre en excès, graisses saturées, alcool, édulcorants… Ensuite on mise sur les prébiotiques, ces fibres qui nourrissent les bonnes bactéries, avec des céréales complètes, des légumes riches en inuline (artichaut, ail, brocoli, des fruits, des légumineuses, des oléagineux). Enfin, on met au menu des aliments probiotiques : légumes lactofermentés (choucroute, kéfir, miso…).

4. On respire pour moins manger !

Quand notre cerveau est pris dans les tenailles du quotidien, comment combattre ses ruminations et moins ressasser ? Car refouler ses pensées intrusives et éviter de penser à ce qui nous tracasse semble entraîner un effet rebond et redouble nos troubles. Mais alors ? Il est heureusement possible de ralentir le flux de pensées qui nous submergent en détournant notre attention sur autre chose. **Et rien de tel que la respiration. Une bonne respiration abdominale aide à diminuer le niveau de stress, à retrouver son calme.** Avec une meilleure régulation des émotions, la respiration prévient les grignotages, les compulsions. On s'installe donc quelques minutes pour appliquer une respiration lente et profonde, meilleur des anxiolytiques naturels.

La boîte à outils sophro pour chasser ses tensions

Essayez cet exercice de sophrologie qui va vous permettre de chasser vos tensions. Cet exercice est à réaliser aussi souvent que nécessaire !

Mettez-vous debout, à votre aise, sans raideur, ni tension. Les pieds sont écartés de la largeur de votre bassin. Votre dos est relâché et votre tête est dans le prolongement de votre colonne vertébrale. Vos mains sont positionnées sur les côtes pour mieux percevoir le mouvement respiratoire. Fermez les yeux et relaxez-vous. Enchaînez trois fois ce mouvement :

- Inspirez profondément par le nez en laissant votre poitrine se soulever, sentez vos côtes s'ouvrir sous vos doigts, les coudes s'ouvrant vers l'arrière.
- Bloquez votre respiration quelques instants.
- Soufflez par la bouche fortement en ramenant les coudes vers l'avant. Imaginez expulser au loin par le souffle votre envie de grignoter.
- Revenez lentement en position initiale, les bras le long du corps et accueillez les sensations de libération au niveau du ventre, de la poitrine.

Cinq bonnes habitudes pour moins stresser

Les situations engendrant du stress font partie de notre quotidien et nous encombrent d'une charge physique et mentale nous écartant de la pleine capacité de nos moyens et d'une vie sereine.

Pourtant, mettre en place des habitudes simples et efficaces nous aide à mieux appréhender notre stress et même le rendre stimulant. Car le stress a également des effets bénéfiques, il nous permet de nous adapter à des événements imprévus ou importants en mobilisant toutes nos ressources, en accroissant nos performances ou en nous dépassant.

Toutefois le stress chronique avec ses effets indésirables menace notre santé et notre silhouette. Et puisque, de nos jours, il est impossible de fuir le stress, apprenons à nous prévenir de ses effets nocifs !

Comprendre le stress et ses effets

Tous les sens en éveil, rythme cardiaque accéléré, transpiration : le stress est une réaction biologique à une situation d'alarme qui nous permet de réagir rapidement.

Si ce mécanisme de survie est en œuvre régulièrement, survient l'épuisement et les effets sur la santé sont multiples : l'irritabilité, l'anxiété, les troubles digestifs, le surpoids, les problèmes de concentration, les troubles du sommeil, etc.

Lorsque le stress chronique s'installe, peuvent se développer des pathologies comme la dépression, les maladies cardiovasculaires, des infections virales, des troubles cutanés ou gynécologiques, etc.

Identifier les sources de stress

Les causes et facteurs de stress peuvent être multiples (le travail, les problèmes financiers, les relations familiales ou de couple, les problèmes de santé). Bien les identifier est une étape incontournable pour élaborer les bonnes stratégies, directement corrélées à ses causes, afin de mieux y faire face.

Comment combattre son stress

Désamorcer la montée du stress rend plus réceptif aux événements agréables de la vie. En facilitant le retour à l'équilibre de notre système nerveux, nous entretenons notre énergie et cela nous aide tout de suite à nous sentir mieux !

Les quatre bonnes habitudes pour éviter de fatiguer son organisme et préserver sa santé et sa joie de vivre

1. La respiration : la trousse d'urgence anti-stress

Dans des situations stressantes, et sous l'effet de notre système nerveux sympathique, le cœur et la respiration s'accélèrent avec une respiration haute, thoracique. Rétablir une respiration calme, abdominale, permet de communiquer avec le nerf vague qui agit sur le système parasympathique en ralentissant le rythme cardiaque, et ramenant le calme.

2. L'exercice physique régulier

L'activité physique va permettre de réguler l'adrénaline et le cortisol libérés en cas de fortes tensions, et va permettre la sécrétion de la sérotonine de l'endorphine qui favorisent un état de relâchement, de calme et bien-être.

3. *Détendre le corps pour calmer le mental*

Si nos émotions ont un impact sur notre corps, l'inverse est également vrai. Sous tension, notre corps se raidit, il s'irrite et souffre. En relâchant ce dernier, nous relâchons également notre mental (voire l'exercice proposé dans la boîte à outils sophro).

4. *Baillez !*

Le saviez-vous ? Baillez, tout en s'étirant a un effet antistress immédiat ! S'étirer de façon naturelle, en baillant une dizaine de fois interrompt le flot de pensées, et permet une meilleure concentration. Facile et très efficace pour relâcher la pression.

Boîte à outils sophro : se libérer des contractures musculaires

Voici un exercice de sophrologie qui va vous libérer des tensions en éliminant les contractures musculaires.

Assis ou debout, les yeux fermés, mettez-vous à l'écoute de votre corps en inspirant et expirant profondément pendant quelques secondes. Puis retenez votre respiration et contractez tous vos muscles de votre corps de la tête jusqu'aux pieds (froncez le front, grimacez, tendez les bras, serrez les poings, tendez les jambes et contractez toutes ces parties de votre corps). Maintenez la tension quelques secondes en fonction de votre souffle (toujours la respiration bloquée), puis relâchez tous vos muscles en expirant puissamment. Prenez le temps d'accueillir vos sensations avant de recommencer deux nouvelles fois.

Apprenez à maîtriser vos émotions

Gérer le **stress**, une tristesse passagère, ne pas s'énerver, s'emporter... La vie quotidienne demande beaucoup d'adaptation et certaines de nos émotions suscitées par notre environnement sont parfois difficiles à gérer au quotidien.

En effet, certaines émotions nous paralysent lorsque nous devons nous exprimer en public, nous mettent des bâtons dans les roues quand nous désirons renforcer une relation, elles altèrent nos pensées lorsqu'on se retrouve en solo... Bref, **une mauvaise gestion des émotions peut devenir un véritable handicap dans notre vie, et même nous la gâcher.**

D'abord, qu'est-ce qu'une émotion ?

Les émotions sont un langage qui s'exprime par une réaction psychologique et physique. Elles traduisent souvent plus que ce que les mots ne pourraient transmettre. Elles représentent notre trousse de survie car elles nous permettent de réagir face aux situations qui nous mettent en danger, nous attristent ou nous menacent.

Dans des conditions difficiles, comment s'épanouir ?

C'est lorsque nous faisons face à une houle émotionnelle, et sommes débordé(e)s par des déferlantes d'humeurs que nous cherchons des solutions pour surfer sur la vague des émotions.

Et il existe des **solutions pour apprendre à mieux gérer nos émotions**. Et ainsi faire face au stress, à la colère ou encore à la tristesse. L'idée est de tourner son attention vers soi, entrer en contact avec ses émotions, comprendre ce qui les déclenche. Nous allons ainsi ressentir où elles se manifestent dans le corps et les vivre en conscience au lieu de les tenir à distance. **Car vivre pleinement ce qu'on ressent va permettre de reprendre le pouvoir et réguler ses émotions** afin de trouver son équilibre émotionnel.

La sophrologie pour tempérer ses émotions

La sophrologie propose une approche psycho corporelle avec des exercices qui vont apaiser les manifestations physiques déclenchées par l'émotion, comme la transpiration, palpitations, tremblements, raideur du corps, souffle coupé, sueurs froides….

Par ailleurs, grâce à des exercices de respiration contrôlée, de détente musculaire, la sophrologie va aider notre mental à s'apaiser à travers notre corps et vice-versa.

Plus impactant encore : en sollicitant la visualisation positive, la sophrologie agit naturellement sur nos émotions et peut ainsi favoriser l'émergence d'émotions positives pour nous aider à traverser certaines épreuves plus sereinement.

La boîte à outils sophro pour apprendre à gérer ses émotions

Découvrez trois exercices de sophrologie de quelques minutes, faciles à effectuer, quels que soient le lieu et le moment, pour rapidement retrouver le bien-être.

Ces exercices peuvent s'effectuer assis ou debout et mieux vaut s'isoler dans un endroit calme où personne ne vous dérange. Vous pouvez lire le texte plusieurs fois avant de commencer, puis fermer les yeux pour pratiquer.

Chaque exercice de sophrologie commence par un temps de relaxation : on s'installe confortablement (en position assise ou allongée), on ferme les yeux et on se concentre progressivement sur les différentes parties de notre corps, dont on prend conscience – le visage et la tête, le haut du corps jusqu'au bout des doigts, le thorax et le dos, le ventre et le bas du corps jusqu'aux orteils.

Évacuer la colère

Face à une injustice, une incivilité, au travail, sur la route... Vous avez tendance à bouillir de l'intérieur ou à laisser jaillir des réactions d'emportement, quelques fois préjudiciables ? Voici un exercice qui va vous permettre d'apprivoiser votre colère :

- ➤ Assis(e), le dos droit, les jambes écartées, les pieds bien ancrés au sol, vos mains sur vos genoux et vous fermez les yeux.
- ➤ Inspirez par le nez et bloquez votre respiration.
- ➤ Faites plusieurs fois ce mouvement : penchez votre tête vers l'avant puis vers l'arrière tout en douceur et lentement. Focalisez-vous sans effort sur les sensations ressenties pendant le mouvement.
- ➤ Expirez l'air par la bouche. Votre tête est en position normale.

Renouvelez l'exercice deux fois de plus.

Chasser la tristesse

Face à un rejet, un échec, une déception, la mélancolie vous submerge ? Cet exercice va vous permettre de vous créer une zone de calme et de protection, éloignant votre tristesse.

- ➤ Debout, le dos droit, les jambes écartées, les yeux fermés.
- ➤ Visualisez ce qui vous attriste. Listez sans vous attarder les circonstances, les événements à l'origine de cette tristesse.
- ➤ Retenez votre respiration.
- ➤ Dessinez des grands cercles autour de vous avec vos bras souples. Vous imaginez vous créer une armure vous protégeant des pensées négatives. Seuls le calme et la sérénité peuvent pénétrer dans votre bulle.
- ➤ Laissez vos bras finir leur course et revenir progressivement le long du corps en inspirant par le nez.

Renouvelez cet enchaînement deux autres fois en vous focalisant sur vos ressentis.

Quand l'angoisse vous paralyse

Vous pouvez apaiser une crise d'anxiété très rapidement en vous focalisant sur votre respiration. Cet exercice va vous permettre de calmer votre esprit et libérer la tension.

- ➤ Debout, le dos droit, les yeux fermés.
- ➤ Placez une main sur le ventre et l'autre en bas du dos.
- ➤ Inspirez profondément en faisant bien gonfler votre ventre, vous devez sentir votre ventre repousser votre main.
- ➤ Bloquez votre respiration quelques secondes.
- ➤ Expirez lentement par la bouche, comme si vous souffliez dans une paille. Visualisez une fumée grise qui s'échappe loin de vos lèvres emportant vos angoisses.
- ➤ Reprenez une respiration naturelle, vos bras le long de votre corps.

Comment soulager sa charge mentale ?

La journée, en parallèle de nos obligations professionnelles, nous anticipons les tâches à accomplir, les factures à payer, les courses à réaliser, les rendez-vous à planifier. Le soir venu, nous nous plions aux obligations familiales, en alternant devoirs, lessives, préparation des repas tout cela au rythme d'une préparation à une épreuve olympique.

La multiplication des sollicitations et l'accélération de notre rythme de vie soumettent notre système nerveux à un bombardement de stimuli incessant et nous exposent à une saturation de l'esprit. Car notre cerveau est formaté pour n'exécuter qu'une tâche à la fois. Sur-sollicité, il sature dès qu'on lui impose davantage. Nous nous sentons ainsi dépassé(e)s, avec une impression de tout faire dans l'urgence, de manquer de temps et ne pas réussir à débrancher… d'être à bout.

Comment détecter les signaux d'alerte d'une charge trop forte ?

La charge mentale vient impacter notre quotidien, notre relation aux autres avec des symptômes plus ou moins gênants et des troubles les plus souvent usuels qui ne nous mettent pas obligatoirement en alerte. C'est la persistance des symptômes qui peut faire penser que le problème est peut-être plus **profond** : trouble de sommeil, d'irritabilité, lassitude, manque d'entrain et de joie de vivre, fatigue, migraine, douleur au ventre et, vous l'aurez deviné, prise de poids…

Voici un exercice pour désencombrer son esprit

Ce n'est pas tant l'exécution des tâches qui fatigue mais bien la superposition de ces dernières qui alourdissent votre état psychique. Alors, accordez-vous des moments de déconnexion, écartez les réseaux sociaux après 21 heures et appliquez ce conseil pour une détox psychique. Vous retrouverez ainsi apaisement et légèreté.

- ***Prenez votre crayon.*** C'est un outil qui vous permet de vous libérer la tête en quelques minutes. Pour éviter la pression d'avoir à penser à tout et la culpabilité d'oublier certaines tâches importantes, désencombrez votre esprit rapidement et simplement en listant sur papier les tâches à accomplir.

- **Notez absolument tout :** les activités professionnelles, les tâches ménagères, les choses à penser, les rendez-vous, les événements…. Videz complètement votre esprit.

- **Reprenez chaque point de cette liste et** :
    - ➢ Éliminez les tâches superflues ;
    - ➢ Revoyez vos priorités ;
    - ➢ Limitez-vous à ce qui est vraiment important.

Vous pouvez vous poser les questions suivantes :

« Que se passerait-il si je ne réalise pas cette tâche ? »

ou « Est-ce que dans cinq ans, cela sera toujours aussi important à mes yeux ? »

Boîte à outils sophro pour déconnecter

Relâchez la pression et déconnectez en vous octroyant une pause sophro.

Installez-vous debout, les pieds parallèles écartés de la largeur du bassin. Le dos droit, les épaules sont relâchées, les bras le long du corps et les mains ouvertes. La tête est droite et les yeux sont fermés.

Exercice à réaliser trois fois (prenez bien le temps entre deux enchaînements de vous focaliser sur vos ressentis).

- ➤ Inspirez profondément par le nez en montant vos mains entrecroisées au-dessus de votre tête.
- ➤ Bloquez votre respiration.
- ➤ Visualiser que la charge mentale vient se loger dans vos mains.
- ➤ Montez lentement vos mains (elles sont toujours entrecroisées et vous avez toujours la respiration bloquée) à la verticale. Les mains emportent avec elles vos tensions, vos ruminations. Vous pouvez imaginer comme des fils qui relient vos mains à votre tête, ces fils se font de plus en plus fins jusqu'à se rompre.
- ➤ Expirez lentement par la bouche en redescendant vos mains tout aussi lentement. Respirez normalement.

Adoptez une routine qui vous fait du bien !

Si votre défi est de tenir vos bonnes résolutions minceurs, envisagez de mettre en place des routines ! Car instaurer des rituels simples est souvent bien plus efficace et confortable que de se lancer dans de grands changements qui ne durent pas !

Les routines sont ainsi de courts rendez-vous réguliers, des temps pour prendre soin de nous, de nous reconnecter à nos besoins. Elles apportent en douceur et durablement les changements auxquels vous aspirez.

Les cinq bienfaits des routines

Adopter une routine, c'est avant tout opter pour un rituel qui fait du BIEN, la preuve par cinq !

1. *Avoir une bonne hygiène de vie*

Instaurez des moments pour faire une activité sportive ou mettre en place des activités pour prendre soin de soi sont forcément bénéfiques pour la santé et notre mental.

2. *Diminuer sa charge mentale*

La répétition d'une action permet de la transformer en habitude, nous effectuons nos gestes mécaniquement sans y penser, ni réfléchir. Cela va nous faire gagner du temps et de l'énergie et nous percevons moins la fatigue en fin de journée (et qui dit fatigue, dit « grignotages »).

3. *Moins de stress*

Dans un monde en constant changement et anxiogène, nos routines nous relient à un univers connu et rassurant. Avoir des habitudes et répéter les mêmes gestes permet de créer une base stable et de prévoir le déroulement de nos journées. Or nous l'avons abordé, le stress fait grossir ! Ces rituels nous redonnent ainsi le pouvoir et la liberté de ne plus subir nos journées et nous confèrent un sentiment de sécurité et de confiance.

4. *Se défaire d'une mauvaise habitude*

Pour stopper plus aisément une mauvaise habitude, un moyen simple et pertinent est de la remplacer par une nouvelle, plus bénéfique. Comme faire quelques étirements le matin au réveil au lieu de se plonger dans les réseaux sociaux... Ou prendre le temps d'un petit-déjeuner sain, au lieu de filer au bureau avec un seul café dans le ventre (et donc inévitablement hypoglycémie et faim dans la matinée).

5. *La routine, l'alliée de nos nuits*

S'il est un domaine où la routine est bénéfique, il s'agit bien de la qualité de nos nuits. Les rituels du soir favorisent l'endormissement. Ralentir, lire, se mettre en pyjama, faire sa toilette, se brosser les dents, permettent de signaler au corps et à l'esprit, l'approche du moment du coucher. Et nous l'avons vu, un sommeil réparateur évitera les dérapages alimentaires...

Comment ancrer une nouvelle routine ?

Pour adopter une nouvelle routine, il faut vous armer d'un peu de patience, mais surtout de motivation et volonté car vous pouvez avoir un peu de mal à sortir de votre zone de confort. Pour être efficace, votre routine doit donc vous faire plaisir et vous faciliter la vie, car n'oublions pas le système de récompense ! En effet, si vous avez beaucoup de sensation de plaisir, de satisfaction après avoir réalisé une action, votre cerveau cherchera à identifier le comportement spécifique qui a provoqué la récompense et associera le déclencheur à des émotions positives pour le reproduire. Ainsi vous aurez tendance à privilégier les situations qui ont généré cette expérience pour que les sensations de plaisir se reproduisent.

Quelques exemples de routines

Afin de vous faire une idée plus précise, voici quelques exemples de routines que vous pouvez mettre en place pour maximiser votre perte de poids. Le lien avec la minceur est de prime abord difficile à déceler, pourtant, plus vous serez bien dans votre corps et votre mental, moins vous aurez recours à la nourriture qui est un tampon émotionnel.

- Lire quelques pages avant de dormir pour déconnecter des écrans et améliorer son sommeil.
- Pratiquer la gratitude.
- Prendre soin de soi (méditation, promenade, infusion, massage, etc.).

Boîte à outils sophro : une routine pour se recentrer

Voici une petite routine extraordinairement bénéfique à mettre en place dès aujourd'hui. Vous pouvez réaliser cet exercice de respiration debout (n'importe où : dans les transports, dans une file d'attente, à la caisse de la supérette...) ou assis (chez le dentiste, sur votre siège de travail...).

Respirez en conscience surtout lentement. Suivez le trajet du souffle à l'inspiration (par le nez) comme à l'expiration (par la bouche). Mobilisez un peu plus le ventre en respirant ainsi (respiration abdominale, profonde) ou bien le thorax (respiration thoracique, qui fait baisser la pression). Deux minutes suffisent, et à pratiquer à n'importe quel moment de la soirée.

Ces exercices de respiration qui nous aident à mincir

Savez-vous respirer ?

Une question élémentaire me direz-vous, tout le monde sait respirer ! Eh bien, détrompez-vous ! Bien que vitale, la respiration est une fonction souvent négligée de nos jours.

Si de façon récurrente vous êtes stressé(e), fatigué(e), sur les nerfs, ou que vous prenez du poids très facilement, une chose est presque sûre : vous respirez mal !

Mais, je vous rassure, rien d'irréversible. Vous pouvez progressivement et à votre rythme adapter une respiration complète, ample et plus profonde, vectrice de mieux être sur le plan physique et mental.

Aujourd'hui, nous devons être doublement attentifs à notre respiration

- XXIe siècle oblige, nous sommes soumis en permanence à la pollution et substances allergènes.
- Nous sommes la plupart du temps en position assise, limitant les efforts physiques (qui favorisent l'apport en oxygène).
- Nous menons des vies stressantes, conduisant à une respiration réduite ou superficielle et vectrice de fatigue, surmenage…

Une respiration simple et haute change un demi-litre d'air vicié, alors qu'une respiration profonde et complète, mais non forcée, renouvelle deux litres d'air en moyenne.

La respiration, si naturelle, peut parfois devenir un problème.

Lorsqu'on respire mal, l'organisme présente les signes d'un état d'alerte : la fréquence cardiaque et la tension montent, la digestion se ralentit. Avec de multiples conséquences qui vont altérer votre état physique et mental (constipation, céphalées, fatigue, problème de concentration, et, vous l'aurez deviné : prise de poids).

L'oxygène va améliorer le fonctionnement de notre cerveau et cela va jouer sur notre mental et sur notre fatigue (toujours dans le but d'éviter la barre chocolatée à 18 heures…).

Il est donc essentiel d'être à l'écoute de ces signes pour remédier à cette problématique d'une respiration insuffisante. D'ailleurs, comment respirez-vous maintenant ? Etes-vous en train de retenir votre respiration ?

Quels sont les bienfaits d'une bonne respiration sur la perte de poids ?

La respiration complète permet à elle seule d'assurer un meilleur brassage d'air dans nos poumons **et va optimiser notre énergie physique, vectrice de dépenses caloriques !**

De plus, lorsqu'elle est ample et profonde, elle nous permet d'être en état de cohérence cardiaque, gage d'un abaissement du niveau du stress. Or, le stress à lui seul peut être source de prise de poids.

Par ailleurs, la respiration profonde permet un auto-massage des organes et des tissus, ce qui favorise la digestion, la stimulation de la circulation sanguine au niveau du ventre. Vous aurez un ventre moins gonflé et des abdos plus toniques.

Envie de dévaliser le frigo ou de vous réfugier dans votre pot de crème glacée ? Pratiquez une respiration profonde ! Elle va permettre d'atténuer les émotions à l'origine de ces compulsions alimentaires.

Ne sous-estimez pas le pouvoir d'une bonne respiration, du fait que cela paraisse si simple. Elle est extrêmement efficace.

Boîte à outils sophro : la respiration ventrale

Pour gérer le stress, la sophrologie utilise depuis toujours la respiration contrôlée et profonde. Elle permet de calmer le corps et le mental. Par conséquent, vous calmez vos émotions et toutes les réactions physiologiques et psychologiques liées.

<u>Comment mettre en place cette respiration profonde ?</u>

D'abord ne vous mettez pas de pression, vous allez y parvenir progressivement et à votre rythme. Mais vous ressentirez très rapidement les effets positifs de l'exercice que je vais vous proposer.

Les poumons sont comme un récipient. Pour pouvoir bien les remplir, il faut d'abord bien les vider. Il faut donc d'abord bien expirer avant de bien inspirer.

- ➢ Asseyez-vous, les pieds ramenés sous la chaise, les mains sont ramenées l'une sous l'autre sur votre bas ventre.
- ➢ Fermez les yeux, desserrez la mâchoire, relâchez les épaules et concentrez-vous sur votre souffle. Ayez conscience de votre respiration habituelle. Que fait votre ventre ?
- ➢ Et puis, lorsque vous êtes prêt (e), vous appuyez avec vos deux mains sur votre ventre tout en expirant par la bouche.
- ➢ Lorsque vous serez à bout de souffle, vous relâchez la pression de vos mains, automatiquement, votre ventre se gonflera en même temps que vous inspirerez par le nez.

Je vous invite à réaliser deux autres fois cette respiration profonde en prenant bien soin de récupérer entre deux et en appréciant les sensations qui émergent.

Retrouvez un sommeil réparateur !

Tout le monde s'accorde pour dire que le sommeil est important, qu'il est indispensable pour se régénérer physiquement, intellectuellement et qu'il impacte nos journées.

Mais, et sans souffrir d'insomnies, la moindre contrariété, des mauvaises habitudes, un événement stressant peuvent engendrer des nuits agitées. Et la fatigue qui en découle va affecter notre rapport à la nourriture (nous allons ingurgiter environ 20 % d'aliments supplémentaires), notre vie quotidienne et professionnelle : trouble de l'humeur, manque de concentration et baisse de vitalité, voire somnolence.

Mieux dormir pour mieux vivre : pendant la nuit, nos capacités cognitives se régénèrent. Notre énergie est renouvelée ainsi que vos cellules. Votre système immunitaire est renforcé.

Bien dormir favorise donc la bonne humeur, la motivation, l'énergie. Nous établissons ainsi des liens plus harmonieux avec les autres. Nous sommes plus amènes de lutter contre les maladies – donc nous sommes moins malades. Nous sommes plus créatifs et avons plus de facilité pour résoudre les problèmes, prendre de bonnes décisions. Nous favorisons votre mémorisation et renforçons notre mémoire. Une bonne nuit de sommeil nous permet également de réguler notre métabolisme (et nous aide donc à stabiliser notre poids). Un sommeil réparateur préserve notre capitale jeunesse, avec une peau plus fraîche. **Si vous souhaitez ainsi prendre soin de vous, prenez soin de votre sommeil !**

Changez vos habitudes et adoptez les bons réflexes

Plus que le nombre d'heures, c'est la qualité du sommeil qui permet à notre corps et notre esprit de se régénérer. Pour bien dormir, il est important d'adopter de bonnes habitudes.

- L'une des raisons de l'augmentation des troubles du sommeil ces dernières années s'explique en partie par l'usage intensif des tablettes et autres écrans avant le coucher ! Alors, on écarte les écrans au minimum une heure avant l'endormissement.
- Évitez les activités sportives moins de deux à trois heures avant l'heure du coucher car la température du corps doit pouvoir redescendre pour dormir.
- Vérifiez la qualité de votre literie. Dans l'idéal, cette dernière doit être renouvelée tous les dix ans environ. Privilégiez un matelas ferme assurant un meilleur maintien.
- Maintenez une température basse dans votre chambre. Aérez au maximum la pièce et favorisez le noir complet.
- Pour éviter les nuits difficiles, il est important de s'exposer à la lumière dès le matin. Plus vous vous exposerez tôt à la lumière, plus vous vous endormirez facilement.
- Mangez léger le soir. L'idéal est de terminer son repas environ deux heures avant l'heure du coucher, afin de ne pas être gêné(e) par la digestion et de permettre aux neurotransmetteurs nécessaires au sommeil de se mettre en place. Attention aux repas trop gras. La digestion occasionnée va générer une augmentation de la chaleur corporelle, ce qui gêne l'endormissement.
- Allez vous coucher lorsque vous ressentez les premiers signes de fatigue (bâillement, yeux qui piquent). Le sommeil fonctionne par cycles de 90 minutes. En rater un c'est renoncer à près 1h30 de sommeil réparateur !
- Évitez de prendre une douche trop chaude, afin de permettre à la température du corps de s'abaisser.

- Limitez au maximum les boissons excitantes (comme le café) et alcoolisées.

Astuce Sophro pour un sommeil réparateur

Une bonne nuit se prépare pendant la journée. Plus vous évacuez le stress et les ruminations pendant la journée, plus votre sommeil sera de qualité ! Prenez donc juste des pauses régulièrement dans la journée pour installer des moments de calme : peut-être une, deux ou trois minutes de respiration consciente au travail, dans les transports, entre deux activités ou même sous la douche… Ces moments où la machine à penser cesse de s'accélérer sont comme une ventilation qui vous aideront à éviter la surchauffe !

Vous pouvez également effectuer cet exercice pour évacuer rapidement les tensions physiques : inspirez profondément par le nez, bloquez votre respiration et contractez tous les muscles de votre corps, de votre tête jusqu'à vos pieds. Soufflez et relâchez. Recommencez deux autres fois cet exercice.

Si toutefois, vous avez des problèmes d'endormissement, ou si vous vous réveillez en pleine nuit, scannez le code barre suivant. L'écoute de cette sophronisation, en installant un état positif et une détente profonde, va favoriser une meilleure qualité de sommeil.

La fausse bonne idée

Ne croyez pas rattraper votre sommeil de la semaine et faisant une grasse matinée le week-end. La grasse matinée, au lieu de nous permettre de récupérer, rompt notre équilibre de sommeil et notre horloge biologique. Levez-vous une heure plus tard le week-end, pas plus. Si la fatigue vous gagne, privilégiez une sieste de 20 minutes !

S'aimer pour mincir et non mincir pour s'aimer

N'attendez pas le corps parfait, le poids idéal pour vous aimer. Au contraire, apprenez à vous aimer, et vous irez plus facilement vers votre poids d'équilibre. La perfection n'existe pas. Quand on a intégré cette réalité, on peut faire la paix avec son corps. Et quand on apprend à s'aimer, se regarder avec plus d'indulgence, malgré nos défauts, nos complexes, on prend davantage soin de nous, on se valorise, on est plus respectueux de notre corps et ses besoins physiologiques.

Quand on parle de l'amour de soi, soit l'on pense que cela fait un peu « guimauve », voire prétentieux, soit on relègue cette notion à une espérance vaine. Mais, comme le disait Rûmî, **« Si vous voulez être plus vivant, l'amour est la santé la plus vraie. »**

S'aimer soi-même, c'est s'aimer inconditionnellement en ayant une conscience objective de ses failles et défauts. S'aimer soi-même, c'est l'acceptation de qui l'on est, malgré ses imperfections, ses limites et ses parts d'ombre.

Apprendre à s'aimer demande de la patience et de l'entraînement, mais nous ouvre les portes de la paix intérieure, du bonheur, de la plénitude et d'une relation à notre corps pacifiée.

Différence entre amour de soi, estime de soi et confiance en soi

Ces trois concepts ne sont pas évidents à différencier. L'amour de soi et la confiance en soi sont les ressources qui permettent à l'estime de soi d'exister.

- ➢ L'amour de soi est l'acceptation indulgente et bienveillante de qui l'on est, malgré nos échecs, nos carences.
- ➢ La confiance est le sentiment que l'on pourra faire face, que l'on en sera capable. C'est la croyance en nos capacités, notre potentiel.
- ➢ L'estime de soi, est l'appréciation, l'évaluation que l'on se fait de soi, de ce que l'on vaut.

S'aimer soi-même : pourquoi est-ce important ?

La réponse la plus incontestable est : **pour se sentir plus heureux(se), plus épanoui(e).** Mais aussi :

- En ayant une appréciation positive de qui l'on est, **on expérimente la sécurité** que cela soit au niveau physique, relationnel, professionnel, etc. Cela nous permet d'être plus optimiste et de nous ouvrir à des changements significatifs dans notre vie.
- S'aimer davantage offre un **meilleur équilibre émotionnel et affectif**, et par conséquent des relations plus harmonieuses avec les autres. Nous pouvons ainsi être plus authentiques et exprimer nos pensées ou nos opinions sans peur du jugement ou du rejet.
- **Nous ne recherchons plus l'approbation, la validation des autres.** Cela peut être une excellente manière de nous réconcilier avec nos besoins et de redonner ainsi la priorité à nos aspirations, nos rêves.

- En arrêtant de nous fustiger, de ruminer, nous éliminons les discours internes critiques, réprobateurs, culpabilisants. **Nous allégeons ainsi notre charge mentale et le stress ou l'anxiété** qui en découlent. Et vous l'avez maintenant intégré, le stress fait grossir.

Ce que l'amour de soi n'est pas

S'aimer soi-même n'est ni égoïste, ni arrogant, ni prétentieux.

L'amour de soi n'est pas non plus ce besoin de se sentir puissant, supérieur, avec une légère attitude désobligeante pour autrui. Il s'agit plutôt d'aller vers une connaissance et acceptation bienveillance et sans jugement de ce que l'on est réellement.

Et enfin, s'aimer soi-même, ce n'est pas se couper des autres en se mettant sur un piédestal. C'est au contraire être attentif aux autres, à leurs besoins, avec cette capacité à s'adapter, se relier, mais sans toutefois s'oublier.

Apprendre à s'aimer soi-même pour aimer les autres

L'amour de soi est un prérequis à l'amour de l'autre. Cette notion charpente notre attitude, notre posture et, à travers eux, notre rapport plus harmonieux et équilibré aux autres.

Sans estime de soi, nous recherchons dans l'autre une réponse à nos besoins, nos failles. Et cela va engendrer des conflits, des pressions, des insatisfactions. Car, aucune personne au monde n'a le pouvoir de combler nos manques.

Par ailleurs, et c'est important : nous n'autorisons que l'amour que nous pensons mériter !

Comment reconstruire l'amour de soi ?

Développer l'amour propre si essentiel à notre bien-être s'apprend. Et il n'est jamais trop tard. Il faut du temps. Il ne suffit pas de s'accorder quelques menus plaisirs. En effet, cela demande une introspection profonde, une réflexion sur nos schémas de fonctionnement. Cela demande également engagement, implication et persévérance. Mais aussi, beaucoup de bienveillance et d'indulgence.

Voici quelques conseils que vous pouvez appliquer dès aujourd'hui.

Se concentrer sur nos points forts plutôt que nos faiblesses

Nous avons appris dès notre enfance à travailler sur nos faiblesses, pour les combler, pour les bonifier, voire pour les transformer en forces. Nous concentrons ainsi notre temps et notre énergie sur nos échecs, nos manques à essayer de perfectionner ces insuffisances. Ainsi, nous nous comparons, nous nous dévalorisons, nous portons atteinte à notre estime.

Pour nous accomplir, nous réaliser, nous pouvons plutôt utiliser nos ressources. Cela sera plus facile, plus naturel. Développer nos talents, nos forces ouvre le chemin de l'authenticité. De plus, en réalisant que nous avons du potentiel, nous gagnerons en motivation et en confiance en soi.

Stop aux critiques, pratiquons la bienveillance !

Nous avons des exigences élevées pour correspondre à une image idéale de soi et nous employons souvent une critique acerbe à notre égard. Nous sommes ainsi souvent durs envers nous-mêmes, et bien souvent notre pire ennemi. Nous nous blâmons, nous nous rabaissons, nous nous condamnons. Or, c'est épuisant, sans fin, et, surtout, contre-productif car cette pratique nous sabote, nous rend vulnérables, insécurisé(e)s, et nous renferme dans un fonctionnement négatif. Alors, arrêtons la torture interne ! Pratiquons l'auto-compassion qui sera bien plus révélatrice de notre potentiel et de notre talent.

Se soutenir, se féliciter, croire en vous et notez vos succès.

Nous minimisons nos réussites. Pourtant, c'est grâce à elles que nous pouvons accroître notre sentiment de confiance et d'amour de soi. Alors, célébrons nos petites ou grandes victoires afin de renforcer votre confiance.

Se réconcilier avec son image et son poids

Après la mode des corps façonnés, nous sortons des diktats d'un corps svelte à tout prix. En effet, une tendance très positive, nous sommes enclins à nous accepter tels que l'on est : dans un corps mince comme dans ses rondeurs, dans ses imperfections comme dans ses avantages.

Pour en finir avec cette exigence d'un corps idéal, synonyme de puissance et de pouvoir, nous devons nous affranchir des jugements intérieurs et des regards extérieurs. Et revenir à soi. Car nous passons notre temps à scruter notre corps, mais, on ne l'écoute pas. Nous lui imposons un rythme effréné, nous le brutalisons certaines fois, nous le rejetons, nous l'ignorons… Notre rapport au corps est en lien avec notre psychisme. Se réconcilier avec son corps, c'est faire la paix avec soi. Ce qui sous-entend, être moins exigeant, plus complaisant. Par ailleurs, en arrêtant de se comparer, en acceptant notre singularité, nous pourrons nous ouvrir à l'acceptation de notre corps, tel qu'il est, dans sa nature, dans ses besoins et ses limites.

Boîte à outils sophro chasser ses complexes

Voici un exercice pour évacuer les pensées négatives que l'on a à son égard.

Exercice à réaliser trois fois (prenez bien le temps entre deux enchaînements de vous focaliser sur vos ressentis).

- ➢ Vos yeux sont fermés. Inspirez profondément par le nez en montant vos bras à l'horizontal, les mains ouvertes.
- ➢ Bloquez votre respiration.
- ➢ Visualisez un tableau noir devant vous avec tous vos complexes listés avec des craies de toutes les couleurs.
- ➢ Agitez les mains de gauche à droite et de droite à gauche (identique au mouvement des essuie-glaces), comme si vous souhaitiez effacer le tableau.
- ➢ Expirez lentement par la bouche en redescendant vos mains tout aussi lentement.

INFOS NUTRI

Vous l'aurez remarqué, ce chapitre consacré à l'alimentation vient en dernier. Tout simplement parce que, même si manger équilibré est essentiel pour vous garder en bonne santé et obtenir les résultats minceur que vous escomptez, il est important de ne pas tout miser sur la nourriture pour perdre du poids. Cela ne sera pas suffisant. Parce qu'en définitive, vous savez au fond de vous ce qui est bon pour vous. Vous savez que les chips, les plats industriels, ne sont pas à privilégier. Vous savez que vous pouvez vous octroyer des plaisirs, mais ils resteront ponctuels et délimités par votre faim.

Le travail de fond de gestion des émotions, qui j'espère fait partie intégrante maintenant de votre quotidien, vous permet déjà d'être plus en accord avec vos besoins physiologiques. Car en abaissant vos tensions, en augmentant vos sensations de calme et sérénité, vous avez déjà adapté naturellement votre alimentation.

Ainsi, changer ses habitudes alimentaires, pratiquer régulièrement une activité physique et gérer ses émotions restent à la base d'une perte de poids sans effet yoyo. Voici donc des informations nutri qui vont augmenter le déstockage de vos kilos en trop :).

Six astuces pour manger moins sans s'affamer !

Il suffit parfois de peu de chose pour manger plus équilibré, sainement et finalement en moins grande quantité tout en gardant le plaisir des papilles.

Manger équilibré pour maigrir, c'est surtout quelques habitudes à prendre et à conserver. Et c'est beaucoup plus facile qu'on ne l'imagine !

1. *Je soigne le petit-déjeuner et le dîner*

Si le petit-déjeuner est important, le deuxième repas à regarder à la loupe est le dîner. Limitez l'apport excessif de calories en fin de journée, calories qui seront stockées car vous avez moins de dépenses caloriques le soir...

2. *J'embellis mon assiette*

Prendre du plaisir à table procure un sentiment de satisfaction au cerveau, vous ressentirez alors plus vite la sensation de satiété. Et au lieu d'avoir envie de se resservir pour combler un manque, un besoin — non identifié—, on s'arrêtera sereinement. Donc, on mise sur les couleurs, car le cerveau a besoin de voir, de goûter et sentir une grande variété d'aliments. Et l'on parfume nos plats d'aromates qui vont donner du goût aux aliments.

Capsule d'inspiration culinaire

Velouté potimarron

Vous avez l'intention de manger une soupe ? Mettez la part belle au topping… Vous envoyez ainsi à votre cerveau des signaux de délectation. Effets rassasiants immédiat ! Sur cette assiette, j'ai ajouté des graines de courge, des brisures de châtaignes, quelques cuillères à café de skyr (yaourt islandais) riche en protéines et des graines de chia, riches en oméga 3.

Ingrédients
Velouté potimarron
Graines courges
Châtaignes
Skyr
Graines de chia

3. Ne mangez pas devant la télé

Captivé(e) par votre série favorite, vous engloutirez 20 % de calories en plus !!!

4. Utilisez des petites assiettes

Utiliser de grandes assiettes pousserait à se servir une quantité de nourriture de 9 à 31 % supérieure.

5. Se brosser les dents à l'issue du repas !

Vous êtes accro aux desserts sucrés qui anéantissent vos efforts en quelques bouchées ? Essayez cette astuce : lavez-vous les dents dès le repas terminé. Ce petit rituel marquera la fin du repas.

6. Préférez croquer que boire !

Mieux vaut manger une pomme que boire son jus. Pourquoi ? Tout simplement si on boit en quelques secondes un jus de pomme, ou que l'on croque une pomme en cinq minutes, le message qui est envoyé au cerveau dans le cas est différent.

Dans le premier cas, on a encore envie de manger quelque chose.

Dans le second cas, le fait de mâcher constitue la première étape de la digestion qui vise à renseigner le cerveau qu'il vient de recevoir de la nourriture. Petit bonus supplémentaire, les fibres contenues dans la pomme vont permettre de ralentir le passage des glucides dans le sang.

Capsule d'inspiration culinaire

Salade composée

Voici une salade composée servie dans une assiette à dessert, de quoi tromper facilement son cerveau 😊.

Ingrédients
Haricots vers
Tomates
Menthe
Graines courge et tournesol
Courgette
Fines tranches de filet de bœuf
Noix cajou
Nectarine

Quatre bons réflexes index glycémiques bas

Désormais, on ne parle plus de sucres lents ou de sucres rapides, mais plutôt d'index glycémique (IG).

Nous le savons, la manière dont nous mangeons influence le bon fonctionnement de notre organisme, le maintien de notre santé (physique et mentale) et les contours de notre silhouette ! Ainsi, manger des aliments à IG bas, c'est meilleur pour la santé et tout bénef pour la silhouette !

La bonne équation « Forme et minceur », c'est d'associer aliments à IG bas, aliments sains et menus équilibrés.

Le point sur l'index glycémique

L'index glycémique est une valeur qui permet de comparer des portions d'aliments en fonction de leur influence sur l'élévation de la glycémie sanguine (c'est-à-dire le sucre apporté dans le sang). On classe les sucres (glucides) en fonction de leur IG, la référence étant le glucose (IG = 100).

IG bas, IG haut, quel impact

L'ingestion d'un aliment à IG haut provoque un pic de glycémie (une montée du sucre dans le sang). Le pancréas sécrète alors de l'insuline pour permettre l'utilisation du glucose par les cellules et éviter que le sucre ne reste trop dans le sang. L'insuline ordonne le stockage du sucre supplémentaire sous forme de gras.

Les aliments ayant un IG élevé entraînent une sécrétion d'insuline brutale qui, à force d'être répétée, perturbe l'équilibre métabolique et interfère avec les neuro hormones cérébrales. Résultat : des fausses faims irrépressibles, des « coups de barre » à répétition et un sur stockage graisseux.

Plus un aliment a un IG élevé, plus il fait monter la glycémie et plus l'insuline sera libérée.

Il est donc préférable de favoriser des aliments IG bas (pas de pic d'insuline déclenchée alors, ni de stockage de graisse : adieu fringales et coups de fatigue). Effet rassasiant garanti pour plusieurs heures et surtout on se sent en forme !

IG bas ne suffit pas !

On ne se focalise pas uniquement sur IG bas, car ce n'est pas aussi simple. Des aliments comme le fromage, la charcuterie peuvent avoir un IG bas et être riches en graisses saturées. A l'inverse, de nombreux fruits, chocolat noir, sont répertoriés comme sucres rapides alors qu'ils ont un IG bas (grâce notamment à leurs fibres). Il faut donc faire preuve de bon sens (on le sait, la charcuterie est néfaste à la santé...).

Les réflexes « Low IG »

Au repas c'est « complet »

L'évolution de notre société nous conduit à consommer des produits fortement transformés par l'agriculture intensive et l'industrie agroalimentaire. Nos aliments ont subi plus de transformations en cinquante ans qu'en cinquante siècles ! Et plus une céréale est raffinée plus son IG est élevé.

—Ok, on ne va pas revenir à une alimentation crue—, mais intégrer à notre alimentation des céréales complètes ou semi-complètes (ma préférence) et des sucres moins raffinés, c'est possible ! Vous diminuez ainsi l'impact métabolique de vos repas.

Cela commence par une bonne vinaigrette

Les aliments acides abaissent la glycémie de tout le bol alimentaire. Vinaigre, citron, mais aussi câpres, cornichons… Bonus, le vinaigre de cidre possède des vertus amincissantes de par la pectine qu'il contient. La pectine (que l'on retrouve dans les pommes) a un effet coupe faim et permet de stabiliser le taux de glycémie. Une bonne vinaigrette devrait toujours contenir du vinaigre de cidre ☺.

Gardez la fibre !

C'est tellement important, que l'on va y consacrer un chapitre. Pour résumer toutefois : toutes les fibres minimisent l'index glycémique du bol alimentaire, mais les fibres dites solubles sont les plus malines. Elles capturent une partie des sucres et les graisses en tapissant l'estomac. Cela permet de ralentir la digestion, donc le passage du sucre dans le sang.

A mettre au menu : le son d'avoine et céréales à l'avoine.

Cuisez al dente

Diminuer le temps de cuisson des pâtes d'une ou deux minutes diminue l'IG ! Des spaghettis cuits al dente ont un index glycémique d'environ 40 (65 pour une cuisson plus longue !).

Pour les pommes de terre, préférez la vapeur (la cuisson à l'eau favorise la gélatinisation de l'amidon, ce qui augmente l'IG).

Capsule d'inspiration culinaire

Pâtes complètes

Ingrédients
Pâtes complètes
Petits pois frais
Menthe
Feta

Voici une façon ludique et surtout alléchante de préparer une assiette de pâtes complètes.

Boire ! Les bons réflexes minceur

Je reviens sur cette notion très importante, car tout le monde le sait : pour être en bonne santé, il faut bien manger mais également bien s'hydrater.

Le saviez-vous ? Les aliments fournissent en moyenne un litre d'eau par jour ! Nous devons complémenter cet apport par une consommation d'eau de 1,5 litre par jour. Or, un adulte sur quatre seulement atteindrait le repère de 1,5 litre d'eau par jour ! Petit rappel : un soda, même sous sa forme liquide, n'est pas de l'eau...

Et attendre d'avoir soif est une mauvaise idée : nous sommes déjà en déshydratation lorsque la sensation de soif est ressentie.

Sans eau, pas de bonne répartition des nutriments dans notre organisme, pas d'élimination des déchets du métabolisme, et impossible également de réguler la température de notre corps.

Vous l'aurez compris, bien s'hydrater est primordial, mais ce n'est pas aussi simple...

Quel est le meilleur moment pour boire ?

Avant d'avoir soif, et également tout au long de la journée, régulièrement. Les petites gorgées prises sur une longue période valent mieux qu'une grosse lampée avalée d'une seule traite. Elles seront mieux assimilées par l'organisme.

Déshydraté(e) ? Faites le test

Pincez-vous la peau, si elle reste « fripée » pendant quelques secondes après l'avoir relâchée, buvez ! Car il y a de forte chance que vous soyez en manque d'eau. Autre façon d'être alerté(e) : vous êtes fatigué(e) ? Vous avez mal à la tête ? Les urines foncées ? Alors vous êtes peut-être en train de vous déshydrater !

L'eau, un atout minceur ?

Boire de l'eau ne fait pas maigrir en soi ! Mais peut vous aider à adopter des bons réflexes qui vont booster votre perte de poids.

- Boire un bon verre d'eau le matin à jeun. L'eau permet d'éliminer les toxines qui se sont accumulées pendant la nuit. Le petit-déjeuner sera pris 30 à 40 minutes plus tard.
- Envie de grignotages intempestifs ? Buvez deux verres d'eau, cela permet d'apaiser la sensation de faim, qui peut être seulement passagère !
- Buvez peu à la fois, mais souvent, cela évitera les ballonnements.
- Boire de l'eau avant le repas. Cela calme la faim !
- L'eau augmenterait le métabolisme de base. Donc on brûle davantage de calories, c'est toujours bon à prendre 😊
- Notre cerveau confond souvent la soif avec la faim, si vous avez simplement soif, ce serait dommage d'ingurgiter une friandise pour rien, alors buvez un verre d'eau lorsque vous avez l'impression que votre ventre crie famine et vous serez fixé(e)...

J'adopte une alimentation anti-acidification

Il y a deux pièges « anti-minceur » dans notre alimentation moderne : les index glycémiques et l'acidification des tissus.

Une alimentation trop acidifiante déséquilibre profondément notre système digestif et pourrait être à l'origine de nombreux maux (fatigue, prise de poids, perturbation du sommeil, ballonnements, perte de tissu musculaire, etc.).

En bref

Selon les organes et les tissus, il règne dans notre corps des degrés d'acidité très différents. Par exemple, dans notre estomac, il règne une acidité indispensable à la dégradation des aliments (les parois de cet organe pouvant faire face à cette acidité).

Une balance s'établit naturellement dans notre organisme entre les substances acides et alcalines. Cet équilibre se mesure en PH (potentiel hydrogène).

Pour fonctionner correctement, notre organisme doit maintenir un pH se situant dans une zone équilibrée (proche de sept) ni trop basse, ni trop élevée.

Quels sont les facteurs acidifiants ?

Le stress mal géré et une alimentation mal équilibrée induisent progressivement une acidification préjudiciable à la santé et anti-minceur.

Autres facteurs : la déshydratation et le sport intensif jouent également un rôle dans l'excès d'acidité.

Si notre organisme est régulièrement en dessous de sept, cela signifie que nos organes émonctoires (foie, poumons, reins…) chargés d'éliminer les toxines sont surchargés.

Les conséquences

Notre corps possède ses propres mécanismes d'autorégulation. Mais lorsque l'acidité devient chronique, il y a un risque d'inflammation silencieuse, l'acidité s'accumulant dans les tissus. Toutes les fonctions peuvent être touchées. C'est ainsi que le système immunitaire se fragilise et que le système hormonal se déséquilibre, induisant une moindre résistance aux maladies.

L'inflammation silencieuse se développe lentement, sans provoquer le moindre signe apparent jusqu'au jour où apparaissent des symptômes (maladies chroniques, obésité, fatigue, accélération du vieillissement, rhumatisme, goutte…).

Par ailleurs, pour neutraliser ces acides, l'organisme a besoin de sels minéraux naturellement alcalinisant. Et lorsque l'alimentation n'en fournit pas suffisamment, l'organisme va puiser dans ses réserves (notamment osseuses), d'où une fragilité osseuse et une contribution à l'ostéoporose.

Notre alimentation moderne en est-elle la cause ?

Vous l'aurez deviné, l'évolution et l'industrialisation de notre alimentation, qui a subi de profonds remaniements, sont à l'origine de ce processus. Mais pas que ! Le stress, les ruminations, les tensions, les régimes restrictifs (amenant des carences en vitamines et minéraux alcalin), le manque d'activité sportive, le manque d'oxygène, etc. Tous ces éléments extérieurs contribuent à acidifier notre organisme.

L'alimentation acidifiante

L'augmentation constante de la surconsommation de viande est en partie responsable de l'acidification de notre corps car la dégradation de ces protéines animales produit beaucoup de substances acides. Les céréales et les sucres très raffinés sont également acidifiants. Cet effet est encore amplifié par la présence de matières grasses en trop grande quantité.

A limiter donc : protéines animales (viande, œufs), beurre, crème fraîche, charcuterie, abats, fromages affinés, céréales raffinées, desserts lactés, confiseries, fritures, viennoiseries, pâtisseries industrielles, crèmes glacées, caféine, sodas, les sucres raffinés...

L'alimentation à privilégier

Les fruits et légumes frais (crus ou cuits) fournissent les sels minéraux dont le corps a besoin pour neutraliser les substances acides. Mais aussi les épices, les plantes et herbes aromatiques, les condiments, épices, le vinaigre, les tisanes de plantes, les jus de fruits frais.

L'alimentation neutre

Céréales complètes ou semi-complètes, miel, protéines légères (fromages frais, poissons blancs, yaourts). Huiles végétales de bonne qualité (olive, tournesol, noix, colza...).

En pratique

L'idée même d'alimentation anti-acide renferme un piège : les aliments les plus acidifiants ne sont pas ceux que l'on croit (le potentiel d'acidité n'a rien à voir avec la saveur). Prenons par exemple le citron : son goût est acide, son pH est acide (2,8) mail il produit, une fois assimilé, un effet alcalinisant.

Il faut donc augmenter la part des végétaux frais dans l'alimentation et diminuer celle des produits animaux (surtout la viande) et des sucres. Et privilégier également les céréales complètes ou semi-complètes.

Nos repas ne doivent pas contenir plus d'un tiers d'aliments acidifiants, pour deux tiers d'aliments alcalinisants.

Les bons réflexes

L'alimentation n'est pas la seule cause de l'excès d'acidité. Certains choix et habitudes de vie engendrent également une acidification de l'organisme.

- Choisir une alimentation majoritairement alcaline.

- Évitez les aliments transformés/industriels. L'hyper transformation des aliments, mais aussi les additifs, les conservateurs ont un effet délétère assuré !

Capsule d'inspiration culinaire

Tartines Sucrées salées

Je vous assure que vous pouvez vous faire plaisir. Vous en doutez ? Voici une tartine gourmande, pain aux céréales bio, et méli mélo de légumes 👍. Personnellement, j'adore le mélange sucré salé. J'ai donc enrichi ce plat de quelques délicieuses fraises. Cela me permet de faire l'impasse sur le dessert, mon besoin de douceur ayant été comblé.

Ingrédients
Graines germées
Pain céréales
Tomates
Avocat
Petits pois
Radis
Fraises
Huile d'olive
Asperges

Neuf conseils pour pâtisser tout en légèreté !

Vous salivez devant le *Meilleur Pâtissier* mais n'osez pas reproduire les recettes de peur d'un apport calorique trop élevé ? Rassurez-vous, il existe des astuces pour réduire la facture !

1. *Osez dire non au sucre !*

Et oui, il est possible de réduire jusqu'à un tiers les quantités de sucre d'une recette sans en changer le goût, alors pourquoi s'en priver ?

Sceptique ? Essayez, vous serez bluffé(e).

Vous pouvez aussi remplacer la quantité de sucre par des aliments au pouvoir sucrant plus élevé comme le miel, le sirop d'érable, les extraits naturels ou encore les fruits.

2. *Mettez la main à la pâte !*

La pâte sablée (avec 22 g de matière grasse pour 100 g) et la pâte feuilletée (avec 25 g de matière grasse pour 100 g) sont les deux pâtes les plus grasses en raison de leur contenance en beurre.

La pâte brisée pur beurre est un peu plus légère car elle contient moins de 20 g de matière grasse pour 100 g.

Autre astuce, testez les feuilles de brick ou de filo qui ne contiennent qu'un gramme de lipides ! Il vous suffit de superposer 3-4 feuilles au fond de votre moule à tarte et le tour est joué !

3. Diminuez les matières grasses !

Votre recette contient beaucoup de beurre ? Remplacez-le par la même quantité de fromage blanc ou de yaourt nature. Vous pouvez aussi le remplacer par de la compote, de préférence sans sucre ajouté. Vous voulez un peu plus d'originalité ? Substituez le beurre par de la purée de légumes (courgettes, carottes, ou encore betteraves) !

Quant à la crème fraîche, vous pouvez aussi la remplacer par du fromage blanc ou du lait.

4. Pâtissez de bout en bout !

Tant qu'à prendre le temps de pâtisser, privilégiez le fait-maison ! Par exemple, vous voulez absolument utiliser de la pâte feuilletée ? Faites-la vous-même, vous pourrez ainsi alléger la recette et avoir une pâte moins calorique mais surtout sans additifs !

5. Ayez la main légère sur la farine !

Adoptez la fécule de maïs qui apportera plus de légèreté à vos préparations. En moyenne, vous pouvez remplacer 100 g de farine par environ 60 g de fécule.

6. Faites un point complet !

Pensez aussi aux aliments complets comme la farine de sarrasin, d'épeautre ou de riz qui vous apporteront fibres, minéraux et vitamines.

Autre bonne idée, les flocons d'avoine qui peuvent aussi remplacer facilement la farine.

7. Remplacez les œufs !

Un œuf apporte environ 88 kcal, il peut donc être intéressant de les remplacer si votre recette en contient plusieurs. Un œuf peut être substitué par :

- Un mélange d'une cuillère à soupe de fécule + deux cuillères à soupe d'eau.
- 50 g de banane écrasée.
- 50 g de yaourt.
- 2 cuillères à café de graines moulues + 30 ml d'eau.

8. *Mettez de la neige dans vos recettes !*

Des œufs montés en neige permettent d'alléger vos préparations en diminuant la quantité de farine et/ou de levure. Prenons l'exemple du gâteau au yaourt. Avec des œufs montés en neige, vous pouvez vous limiter à un seul pot de farine au lieu de trois !

9. *Pâtisser malin !*

Pensez par exemple à remplacer le chocolat en partie ou en totalité par du cacao noir non sucré.

Ayez aussi les bons réflexes en choisissant les bons moules de cuisson. Oubliez vos moules classiques que vous devez beurrer et optez pour des moules en silicone anti-adhésifs. Vous ne voulez pas investir dans de nouveaux moules ? Usez et abusez du papier cuisson !

Capsule d'inspiration culinaire

Crêpe extra gourmande

Ingrédients
Crêpe
Chocolat noir 85%
matière grasse
Amande
Banane
Graines de courge
et tournesol
Pollen d'abeille

Cette crêpe est sans sucre mais très très gourmande avec des rondelles de banane, du chocolat noir à 85 % et quelques amandes.

A déguster occasionnellement toutefois, la charge calorique restant élevée.

Réduire facilement ses apports caloriques, c'est simple : changez d'assiette !

Comment mincir tout en se faisant plaisir ? Il est facile de leurrer notre cerveau. Accordez pour mincir de l'importance à ce que vous mangez, mais aussi à la façon dont vous mangez. Voici l'assiette idéale pour s'affiner sans s'affamer.

Sortez la jolie vaisselle !

Vous mangez votre gâteau, votre part de quiche, pizza... dans une assiette (et non dans une barquette en carton ou dans un papier essuie-tout).

Quant à se faire plaisir, prenez le temps de bien déguster ! Donc, installez-vous à table pour savourer votre repas. Un repas pris en pleine conscience et non sur le pouce, c'est environ 20 % de quantité en moins ingéré ! ***Petit rappel : arrêtez-vous de manger dès que vous sentez repu(e), quitte à garder une petite part pour le prochain repas !***

Préférez une petite assiette !

Avez-vous expérimenté les petites assiettes ?

Pour la même quantité de nourriture, plus on utilise une grande assiette, moins on se sent rassasié(e). Utilisez une assiette plus petite va envoyer au cerveau des signaux d'opulence, d'où un effet de satiété plus efficace.

Mettez de la couleur dans vos présentations

On mange moins quand la couleur de la nourriture tranche sur l'assiette (à éviter : riz ou pâtes natures dans l'assiette. Ou alors, déposez vos pâtes dans une assiette de couleur, rouge par exemple). Les chercheurs pensent que le contraste des couleurs aide le cerveau à prendre conscience des portions mangées.

Soignez la présentation de vos assiettes

Mettez un zeste de créativité dans le dressage (un brin de persil, quelques morceaux de tomates, etc.) pour égailler la présentation de votre assiette. Plus vous souhaitez alléger votre assiette, plus vous mettrez le paquet sur sa décoration !

Et oui, une jolie assiette aiguise les papilles ! Vous comblerez votre estomac et votre cerveau. Car le plaisir passe aussi par la vue, une jolie présentation présage d'un bon repas ! Et vous serez récompensé(e) par un effet anti-fringales garanti ! De plus, le plaisir gustatif évite les frustrations et donc les grignotages !

Apprenez à bien compartimenter son assiette

Les légumes doivent représenter la moitié de votre assiette (cuits ou crus, frais, en conserves ou surgelés.). Les protéines, un quart (viande blanche ou rouge, poisson, œufs, fromage, légumineuses) et les féculents un quart également (pommes de terre, pain, pâtes, riz, blé, semoule, quinoa, polenta, légumineuses…).

Choisissez des aliments à faible densité calorique

Les aliments qui contiennent beaucoup d'eau comme les légumes et les fruits favorisent la sensation de satiété. Un exemple convainquant : une tomate, c'est 21 kcal les 100 g et 94 % d'eau. Le pain, c'est 285 kcal pour 100g et 30 % d'eau.

Capsule d'inspiration culinaire

Bowl fraîcheur

Ingrédients
Salade verte, crevette, mozzarella, herbes aromatiques, courgettes, haricots blancs, Pistaches, Huile colza.

Pour faire le plein de légumes, rien de tel que les Bowls. Ils permettent toutes les fantaisies gustatives 😊. On se fait plaisir et on se fait du bien avec ce bowl :

Les fibres, un atout minceur ?

Les fibres c'est quoi ?

Par définition, les fibres sont des substances d'origine végétale qui ne sont ni digestives, ni absorbées par notre tube digestif. Toutefois, notre flore intestinale, en les dégradant, nous permet d'assimiler les glucides de façon variable et partielle, d'où leur participation à hauteur de 2 cal/g à notre apport énergétique.

Outre leurs effets sur notre transit,

- Les fibres permettent de réduire nos apports énergétiques de 5 à 10% (action rassasiante des fibres, ce qui peut aider à la gestion du poids en diminuant l'apport énergétique).
- De minimiser notre taux de cholestérol.
- De limiter l'augmentation de la glycémie (taux de sucre dans le sang) après un repas.
- En ralentissant la digestion et l'absorption du sucre, les fibres solubles nous aident à combattre les fringales.
- Enfin, et même si certains minéraux comme le calcium ou le phosphore sont moins bien absorbés si l'alimentation est riche en fibres, elles préviendraient l'apparition de certains cancers.

25 à 30 % c'est la quantité de fibres qu'un adulte devrait consommer chaque jour selon les recommandations du programme national nutrition santé (PNNS) alors que la plupart des femmes et des hommes en absorbent moitié moins au quotidien.

Quelle différence entre fibres

Il y a deux types de fibres dans les aliments végétaux. La plupart des aliments d'origine végétale contiennent les deux types de fibres. Toutefois, la quantité de chaque type de fibres varie selon les aliments.

Les fibres sont dites solubles car elles se dissolvent dans l'eau. Dans l'intestin, elles font gonfler le bol intestinal en lui donnant une consistance visqueuse qui facilite le transit intestinal. Ce sont les fibres solubles qui ont la propriété de diminuer les taux de glucose sanguin et de cholestérol. On les trouve dans l'avoine, l'orge, les fruits secs (pruneaux, dattes, figues…), les fruits frais (groseilles, framboises, mûres, poires, pommes avec la peau…), les légumes frais (brocoli, céleri-rave, cerfeuil…) et secs (pois chiches, lentilles…).

Les fibres appelées insolubles absorbent de grandes quantités d'eau et augmentent le poids des selles, leur teneur en eau et leur plasticité. Elles luttent ainsi contre la constipation, à condition de bien boire. On les trouve dans le son de blé, les céréales complètes, le pain complet…

Bon à savoir

Les fibres ont tendance à diminuer l'absorption des sels minéraux. Attention donc si vous avez des carences en minéraux (magnésium, calcium…) ou si vous consommez beaucoup de fibres raffinées (comme le son par exemple) pour booster votre transit paresseux : veillez à enrichir votre alimentation en sources de minéraux (légumes secs et légumes verts notamment) et buvez suffisamment, car sinon, au lieu de faciliter le transit, les fibres formeront un bouchon.

Trucs et astuces pour augmenter son apport en fibres

• Remplacez les produits céréaliers raffinés comme la baguette, les pâtes blanches… par du riz brun, des pâtes ou du pain fait de grains entiers.

• Consommez plus de fruits contenant des fibres : pommes et poires avec leur pelure, framboises et mûres, fruits séchés (pruneaux, abricots et dattes).

• Mangez plus souvent des légumineuses, excellentes sources de fibres alimentaires : haricots blancs ou rouges, lentilles pois chiches.

• Ajoutez dans les soupes, les plats en casserole et les salades, des lentilles ou des haricots secs.

• En collation, choisir des céréales riches en fibres ou gâteaux faits maison tels que les barres de céréales, un banana break riche en fibres — Ou mangez une petite poignée de fruits séchés et de noix.

• Lorsque vous faites des préparations maison, remplacez la farine blanche par de la farine de blé entier. Ajouter des graines de lin moulues ou du son de blé ou d'avoine.

• Ajouter des fruits, du son de blé ou d'avoine, des graines de lin ou de chia à vos yogourts.

Capsule d'inspiration culinaire

Dessert maison

Ingrédients
Yaourt
Compote maison nature
Graine courge et de tournesol
Grenades
Noix cajou

C'est certain, ce dessert va plaire aux gourmets ! Il est composé de yaourt, de compote de pomme faite maison. Petit plus : il est 100 % sans sucre et l'on bénéficie (et l'on savoure 😊) de l'apport en fibre avec ce topping alléchant.

Les soupes, veloutés, ou bouillons : votre passeport minceur et santé !

Avec les températures qui descendent, on a envie d'un plat chaud, réconfortant. Heu, non ! Je ne parle pas de tartiflette, mais de fondre pour une soupe onctueuse, car on en raffole ! Vous avez du bol car les soupes sont une façon express de se faire du bien : un coup de mixeur, et beaucoup de saveurs. Même l'été, on peut se régaler avec des soupes froides ☺. Et si je ne vous ai pas donné envie d'une bonne soupe réconfortante à la fin de ce chapitre, c'est louche !

1) Les soupes sont pauvres en calories !

La soupe est l'alliée des personnes ayant un objectif minceur et des personnes soucieuses de leur santé !

Un bol va ainsi vous apporter entre 150 et 200 calories en moyenne. C'est très peu quand on pense que le repas du soir se situe plus souvent autour de 600 kcal...

2) Vous vous hydratez !

Un bol de soupe apporte environ deux verres d'eau. Ce qui est un plus. En hiver, la sensation de soif se fait moins ressentir, mais à l'heure où le chauffage tourne, nous avons tendance à nous déshydrater ! Les soupes, composées essentiellement d'eau, permettent donc une bonne hydratation.

3) Vous mangez des légumes !

Par toujours évident de consommer les cinq portions de fruits et/ou légumes par jour nécessaires pour se maintenir en bonne santé ! Or un bol de soupe est équivalent à une portion de légumes.

4) Vous faites le plein de vitamines et de minéraux !

Les soupes sont un moyen rapide de faire le plein des vitamines et à la louche… enfin, à la cuillère ! La soupe vous apporte également des sels minéraux, tels que du magnésium, du potassium et du calcium ! On maximise donc la capacité de notre organisme à se défendre contre les agressions extérieures (renforcement du système immunitaire notamment), ce qui n'est pas négligeable en périodes de fortes agressions virales.

5) On fait le plein de fibres et on se rassasie !

Un bol de soupe vous apporte environ 15 % des apports journaliers recommandés en fibres !

6) Une aubaine pour votre porte-monnaie ! Et votre créativité

Poids léger sur votre porte-monnaie, la soupe a le pouvoir de vous permettre d'aller au lit rassasié(e) en ayant fait le plein de nutriments. Et oui, la soupe, c'est un plat économique !

Mais vous faites aussi plaisir à votre famille ou à vos amis ! Oubliez les idées reçues, tout le monde aime la soupe… Et laissez exprimer votre créativité ! Il y en a pour tous les goûts : mixée, épicée, colorée, avec des morceaux, aux asperges, aux champignons, avec des châtaignes, avec des légumineuses…

7) Vous vous simplifiez la vie !

Après une journée bien remplie, la soupe fait son plat de résistance ! Simple et rapide à préparer, elle fédère tous les appétits et ne monopolise pas votre soirée aux fourneaux !

8) Bonus : pour augmenter les bénéfices des soupes, voici quelques conseils

- Ahhhh tenir le bol chaud entre deux gorgées l'hiver ou se régaler avec un velouté bien rafraichissant l'été ! Rien que d'y penser, c'est réconfortant !

- Remplacez les pommes de terre par des courgettes. Elles ont également un pouvoir liant.
- Évitez de mixer les légumes. Les fibres sont alors plus nombreuses et efficaces…
- Epluchez les légumes au dernier moment et ne les laissez pas tremper dans l'eau pour les nettoyer (cela évitera la fuite des nutriments indispensables).
- Limitez le temps de cuisson de vos soupes.
- Faites une part belle aux légumes de saison !
- Ne conservez pas votre soupe au-delà de 24 heures.

9) Le coin recette

Et pour finir en beauté, et convertir vos amis, votre famille à ce plat qui cumule toutes les vertus, voici une recette que j'apprécie énormément, alors, tous et toutes à vos casseroles ☺

Potage patate douce, potimarron aux lentilles

- 3 patates douces et une pomme de terre
- 2 potimarrons (voir seulement 1 suivant grosseur)
- 50 cl de bouillon de légumes
- 15 cl de lait de coco
- 1 oignon
- 1 cuillère à café de cumin
- 40 gr de lentilles cuites
- 1 bouquet coriandre fraîche

Couper en dés les patates douces et la pomme de terre après les avoir épluchées ainsi que le potimarron (sans l'éplucher). Émincer l'oignon et le faire fondre dans un faitout avec une cuillère d'huile d'olive. Ajouter les légumes et faire sauter pendant 2 à 3 minutes. Verser le bouillon et le lait de coco, poivrer. Laisser mijoter 25 minutes à couvert.

Mixer et répartir dans les assiettes, parsemer de quinoa et de coriandre fraîche de lentilles et un zest de crème allégée.

Je mange quoi au p'tit déj ?

Six heures du mat, le réveil sonne. Je me sens fatigué(e), raplapla, ramollo, le moral au fond des chaussettes (que je n'ai pas encore mises car je traîne sous la couette). Et je ne pense qu'à une chose : « La journée s'annonce plus que longue ».

Le petit-déjeuner peut être le starter d'une belle journée en forme !

S'alimenter dès le réveil permet de rompre le jeûne de la nuit et de bien commencer la journée. Un petit rappel : ne pas s'alimenter le matin nous expose à être attiré(e) par les aliments riches en graisses dans la journée.

Ce que j'évite

Adieux : confiture, pâte à tartiner chocolatée qui vous donnent une énergie immédiate, puis plus rien... Et qui vont assurer un épuisement de l'organisme.

A éviter également : carburer au café toute la journée. Car s'il booste temporairement, rapidement, on doit augmenter les doses pour obtenir le même effet et la fatigue s'accumule...

Pourquoi prendre un véritable petit-déjeuner est important ?

Nous sommes conçu(e)s pour avoir faim au réveil. Si ce n'est pas le cas, c'est soit que nous avons trop abusé la veille (ou mangé trop tard) soit que notre organisme (notre foie plus particulièrement) est encrassé.

Par ailleurs, si l'on on a des difficultés à se concentrer, si l'on est moins créatif et d'humeur un peu grognon, nous avons alors besoin d'activer notre dopamine. Elle agit comme un booster naturel qui va augmenter nos performances, notre concentration, notre résistance à la fatigue, et petit bonus, c'est un coupe faim naturel…. Donc, votre petit-déjeuner 100 % minceur permettra de booster la dopamine et d'éviter les coups de pompe de la matinée !

En somme, je mange quoi ?

Des glucides complexes

Pour retrouver une énergie longue durée, on mise sur les aliments à index glycémique bas comme le pain complet ou de seigle, les céréales complètes ou le quinoa. Pensez également aux flocons d'avoine ! L'avoine est source de protéines, de glucides, de vitamines B et de minéraux.

Notre starter de la journée : la dopamine

La dopamine est le neurotransmetteur qui agit sur notre bonne humeur. Pour l'activer, il faut privilégier les aliments riches en protéines: les œufs, le fromage, le blanc de poulet, le jambon, mais aussi : les flocons d'avoine…

Pour être gonflé(e) à bloc, on mise sur les vitamines

Notamment la vitamine C qui va améliorer l'absorption du fer et soutenir notre système immunitaire. Un fruit ou un jus de fruits : kiwi, papaye, orange… Préférez toutefois un fruit frais entier plutôt qu'un jus, car ses fibres ralentissent l'absorption du fructose, le sucre du fruit…

Et on n'oublie pas les vitamines du groupe B, « les vitamines du bien-être cérébral : à saupoudrer à volonté la levure de bière et le germe de blé !

Un produit laitier pour le calcium

Un yaourt, du fromage blanc ou du fromage.

Une boisson pour réhydrater votre organisme

Bien sûr, mieux vaut limiter les boissons sucrées.

Dans la journée, je mange quoi pour des lendemains qui chantent ?

On privilégie dans la journée les aliments riches :
- en fer (lentilles, fruits de mer, chocolat noir, abats, bœuf, pois chiches) car ce minéral participe au transport de l'oxygène, au fonctionnement du système immunitaire et à la synthèse de la dopamine ;
- en magnésium (notre allié bonne humeur) : crevette, riz et pain complet, fruits et légumes secs, chocolat noir.

Capsule d'inspiration culinaire

Petit'dej punchy

Ingrédients
Fromage blanc
Grain de lin
Kiwi
Amandes
Flocon d'avoine
Graine pavot
Spiruline

Le kiwi est une bombe d'énergie pour un petit'dej punchy 🙂. Avec des graines de lin, du fromage blanc pour les protéines, des flocons d'avoine pour les glucides complètes.

Capsule d'inspiration culinaire

Petit'dej douceur

Ingrédients
Fromage blanc
Flocons d'avoine
Fraises
Noix
Banane
Myrtille

Idéal au petit-déjeuner ou pour combler un petit creux au goûter. On peut ajouter à loisir des fruits frais pour l'aspect visuel et gustatif ! J'ai mixé le fromage blanc avec deux fraises pour la saveur fruité et sucré.

Les cinq aliments « brûle-graisses »

Envie de perdre du poids sans lésiner sur les nutriments ? Sachez que certains aliments peuvent vous aider dans votre combat contre les kilos en trop !

Ne nous mentons pas, les aliments qui, à proprement parler, brûlent les graisses, n'existent pas ! Cela dit, la concentration en vitamines, minéraux, fibres, antioxydants de certains aliments, peuvent soit augmenter le métabolisme, soit favoriser la satiété ou l'élimination des graisses.

Ainsi, je vous ai choisi cinq aliments (la liste n'est pas exhaustive) que l'on peut consommer tous les jours car ils apportent de l'énergie à notre corps, renforcent notre système immunitaire, sont rassasiants et surtout ont un effet non négligeable sur notre ligne.

1. *L'avoine*

Il n'y a pas mieux que l'avoine pour l'apport en manganèse, essentiel pour la santé osseuse — et le contrôle de la glycémie car il est riche en FIBRES. Ces fibres vont capter naturellement une partie des graisses ingérées et permettent de sentir rapidement une sensation de satiété. Il régule donc votre appétit et évite de manger des portions trop importantes, tout en éliminant les graisses.

2. *Le citron*

Excellente source de limonène, un composé anticancer, les citrons sont une source de vitamines C. Une étude menée par l'Université Estatale d'Arizona a démontré qu'une forte consommation de vitamine C pouvait contribuer à brûler jusqu'à 30 % de graisse en plus lors d'un exercice physique. Le jus de citron, un réflexe minceur à adopter pour des vertus détox optimales. Le citron seul n'aide pas nécessairement à maigrir. En revanche, il contribue à la bonne digestion des autres aliments.

Utilisez le citron plusieurs fois dans la journée. Au réveil, avec de l'eau froide ou chaude, il prépare le corps à recevoir la nourriture après plusieurs heures de jeûne. Le reste de la journée, il contribue à ne pas emmagasiner les graisses que l'on consomme. Vous pouvez aussi en mixer avec du persil, de l'origan et de l'ail pour faire une marinade.

3. *Les noix*

Riches en oméga 3, en cuivre, en manganèse et en vitamines E, les noix contiennent également des phytonutriments qu'on ne trouve que dans peu d'autres aliments. Les noix sont une collation idéale, on en consomme chaque jour une petite poignée (pas plus car elles sont tout de même caloriques !). Elles sont un véritable boost d'énergie et ultra saines ! Bon pour la ligne car elles sont riches en fibres qui accélèrent la sensation de satiété et limitent l'absorption des graisses !

4. *Les protéines*

Les protéines jouent un rôle très important dans la perte de poids.

- Elles peuvent vous aider à combattre un métabolisme lent en préservant votre masse musculaire. Elles sont essentielles pour lutter contre le stress, la fatigue et permettent de garder la forme.

- Elles favorisent le rassasiement.

- Quand toute la nourriture est digérée, votre corps brûle les calories durant le procédé de digestion. Les protéines nécessitent plus de calories pour être assimilées par le corps. Plus on mange de protéines, plus on brûlera naturellement des calories !

Mangez des protéines de qualités telles que les poissons gras (saumon, anchois, sardines, maquereau) !

5. *Les graines de chia*

Les graines de chia contiennent beaucoup de calcium, d'oméga 3 et d'antioxydant. Elles peuvent absorber environ 10 fois leur poids en liquide ce qui les rend parfaites pour le pudding ou pour les smoothies : mélangez avec du lait végétal (amande, coco) et laissez reposer toute la nuit. Facile à utiliser car elles n'ont pas beaucoup de goût, on peut en glisser dans nos plats. Leurs atouts minceur ? Elles permettent d'accélérer notre métabolisme, c'est un aliment coupe faim par excellence, elles donnent de l'énergie, elles améliorent le tonus musculaire.

Capsule d'inspiration culinaire

Plaisir sucré

Ingrédients
Graines chia
½ yaourt
Fraises
Banane
Mangue
Graine lin,
tournesol et
courge

Cette recette est idéale pour les grandes faims matinales ou au goûter. Un mix parfait pour renforcer la vitalité. A préparer la veille : une cuillère à soupe de graines de chia dans du lait d'amande. Glissez un demi-yaourt mixé avec des fraises et le topping. Addiction assurée 🙂.

Le sucre, cette douceur qui nous perdra !

Une douceur pour compenser une journée difficile, calmer une émotion trop pressante, pour rassurer un enfant et amadouer ses beaux-parents ☺. Le sucre fait partie de notre vie et comme un chamallow, la rend plus légère et parfumée.

Mais si un carré de chocolat avec son café du midi, une cuillère à café de confiture dans son yaourt et une part de gâteau le dimanche n'ont pas de préjudices sur notre santé, l'accumulation du sucre fait des dégâts.

Pourquoi ce chapitre sur le sucre ? Car il m'a empoisonné longtemps la vie !! En effet, j'y ai longtemps été « accro », avec des phases où l'appel au sucre était si prenant qu'il me fallait « ma dose ». Je me suis beaucoup documentée à ce sujet (motivée par l'envie de retrouver une silhouette «acceptable», ce qui était un bon moteur !). J'ai retrouvé rapidement un bien-être salvateur (car même mon humeur s'est améliorée, moins enclin aux petites déprimes, aux colères, etc.). A ce jour, j'ai renoué avec une certaine sympathie pour les aliments plaisirs que j'avais bannis de mon alimentation par peur de perdre pied (et retrouver ma culotte de cheval ☺).

Car le sucre se niche partout, et surtout là où on ne l'attend pas ! Nous le consommons donc sans le savoir : carottes râpées, sushis industriels, raviolis, pizzas industrielles...

L'excès de sucre est sur le banc des accusés : il favoriserait l'obésité, le diabète et rend même addictif (5 à 10 % des adultes seraient dépendants au sucre), favorise la déprime, vieillirait prématurément, altèrent l'émail des dents, entraîne une déminéralisation osseuse, etc.

——— La consommation de sodas serait à l'origine de 184 000 décès par an dans le monde ———

C'est pourquoi l'enjeu primordial est de réussir à se déshabituer du goût du sucre !! Plus facile à dire qu'à faire me diriez -vous ? J'y suis arrivée, alors vous pouvez le faire ! Et je vous assure que cela vaut la peine de s'investir sur son bien-être !!!

Avec ce récapitulatif des points abordés précédemment, je vous présente ma méthode en six points pour réduire les doses de sucre et reprendre votre santé en main.

1. *Traquez les sucres cachés !*

Ils représentent 56 % de notre consommation globale. Et oui, le sucre active dans notre cerveau le circuit de récompense qui va nous pousser à recommencer l'expérience ! Et les industriels l'ont bien compris. Et pour que l'on puisse consommer en grande quantité de leurs plats préparés, ils n'hésitent pas à ajouter cet exhausteur de goût. Alors, surveillez les étiquettes !!! Personnellement, je n'achète plus de plats préparés et j'ai réinvesti ma cuisine...

1. *On fait le ménage dans nos placards*

Blacklistez de vos armoires toutes les sucreries qui ne demandent qu'à être englouties. C'est très simple : vous ouvrez votre armoire à friandises et vous découvrez des barres chocolatées : vous en avez envie ! Mais vous ne pourrez pas succomber à la tentation, si ces dernières ne sont pas présentes! Vous avez des enfants ? Réservez les bonbons pour un usage exceptionnel ! Cuisinez avec eux : crêpes, gaufres, gâteaux, etc. car vous pourrez maîtriser l'apport en sucre, choisir peut-être du sucre complet ou du sucre de coco, moins dommageable. Choisissez également les fruits secs qui ont un fort pouvoir sucrant et sont rassasiants.

*2. **On bannit les sodas !!***

Essayez de mettre sept sucres dans un verre ! C'est la teneur d'une canette de soda. On bannit donc ses boissons. L'eau est la seule boisson indispensable à l'organisme !

*3. **On bannit également les céréales du matin***

Fabriquées à partir de farines raffinées, elles ne contiennent ni vitamines ni nutriments, mais énormément de sucre (elles ont un index glycémique plus élevé que les bonbons !). Mettez également hors de votre portée les pâtes à tartiner chocolatées, trois fois plus caloriques qu'une tartine de beurre et confiture !

*4. **Une envie de gourmandise ? Rajouter des fibres !***

Vous l'avez compris, les fibres ralentissent le passage du sucre dans le sang et apportent de l'énergie. Il vaut ainsi mieux manger son carreau de chocolat après un repas, que seul au goûter…

*5. **Je prends mon temps***

Je savoure, je mâche, je déguste avec plaisir… Manger lentement favorise la satiété (et minimise l'apport calorique). De plus, une pause équilibrée (fruits secs, oléagineux (amandes, noix…)) préserve des petits creux…

Comment arrêter de grignoter le soir

Devant un film, une série… nous avons très souvent tendance à grignoter non pas parce que l'on a faim mais souvent par ennui, pour chasser un coup de fatigue ou tenter de réduire un coup de blues. Et forcément, ce ne sont pas des bâtonnets de carotte que l'on va grignoter !!

Mais le soir est un moment à haut danger nutritionnel ! Les dépenses énergétiques sont faibles la nuit, notre corps n'aura pas le temps d'éliminer ces calories avalées et il aura tendance à les stocker. Se rappeler également que l'on ingurgite 20 % de nourriture en sus lorsque nous sommes absorbé(e)s par notre série préférée, et non sur ce que nous ingurgitons !

Pour en finir avec ces grignotages, voici quelques conseils à suivre.

La priorité est de sortir de ce conditionnement et d'instaurer de nouvelles habitudes plus saines.

Vous avez envie d'un carreau de chocolat ? Parfait ! Alors, on se fait plaisir (car la frustration amène au craquage !!), mais en appréciant ce moment et en dégustant en pleine conscience, et la télévision éteinte . De plus, vous pouvez instaurer de nouveaux rituels, comme boire un thé à la cannelle ou au gingembre, aux multiples vertus, notamment anti-fringales !

Au dîner, on prend un repas rassasiant

Forcément, si on débute la soirée avec un petit creux, on ouvrira automatiquement nos placards et généralement, on ne jette pas notre dévolu sur ce qui est bon pour notre silhouette. On privilégie au dîner des protéines végétales, des légumes (pour les fibres qui calent) et des glucides à IG faibles (et un laitage ou fruit pour la douceur). On évite les aliments à index glycémique élevé, car plus la glycémie s'élève, plus on est sensible aux coups de blues (qui nous plongeront dans le paquet de pépito à peine la série débutée).

Capsule d'inspiration culinaire

Soupe customisée

Ingrédients
Soupe légumes
Lanière de poulet
Chou chinois
Graines germées
Graines lin
Féta

Voici une soupe de légumes des plus classiques, agrémentée de lanière de poulet, de chou chinois pour le visuel, de graines germées pour leur pouvoir nutritif, des graines de lin et de courges pour les omégas 3 et de la féta pour le plaisir ☺.

Toujours au dîner, on veille à booster sa sécrétion de sérotonine

La sérotonine est le neurotransmetteur de la sérénité. Il est fabriqué à partir de tryptophane, que l'on trouve dans les noix de cajou, les graines de tournesol, la banane, l'avocat, le chocolat noir... Et si une envie irrésistible de bonbons nous tenaille dans la soirée, voici une collation booster de sérotonine, à substituer : fromage blanc avec une petite poignée de noix de cajou par exemple.

Et si vous profitiez de la soirée pour prendre du temps pour vous ?

Après une dure journée de travail, c'est le moment de vous détendre : prenez un bain, appelez les amis ou la famille pour discuter, lisez un livre ou un magazine, regardez un film, etc. S'occuper l'esprit permet d'éviter de penser à la nourriture. Et j'insiste, ne remplissez pas vos placards de produits un peu trop alléchants, vous éviterez de succomber le soir venu...

Je pratique des techniques anti-déprime

Si vous grignotez pour chasser un coup de blues, des journées stressantes, essayez de pratiquer une activité sportive (au moins 30 minutes par jour) pour vous détendre, telle que le yoga, la marche, etc. La sophrologie et la relaxation sont très efficaces pour gérer ces périodes de stress qui vous conduisent à manger le soir. Et dernier point, pour apprendre à chasser le stress, vous pouvez également opter pour la médiation ou les techniques de respiration telles que la cohérence cardiaque. Peu importe l'outil que vous allez privilégier, du moment qu'il vous permet d'évacuer votre trop plein de négatif.

Je veux un ventre plat : je soigne mon microbiote

Lorsque les beaux jours approchent, ou lorsque nous avons l'intention de rentrer dans cette magnifique tenue, notre petit bedon devient notre ennemi public numéro un. On le trouve mou, gonflé, trop gonflé ; vraiment, rien ne va plus. Le graal ultime à obtenir : un ventre plat !

Et un ventre plat qui va bien, c'est avant tout une bonne digestion ! Et pas de bonne digestion sans un microbiote (ou flore intestinale) en parfait état de marche ! Le microbiote, ce sont ces bactéries qui tapissent les parois de nos intestins.

Bien prendre soin de notre microbiote, c'est être bien dans son ventre. En plus d'un ventre plat, voici trois bonnes raisons de prendre soin de notre ventre :

- ***Soigner son microbiote nous protège des maladies (*** 80 % de notre immunité est située dans notre ventre)
- Notre ventre, ce deuxième cerveau contient 200 millions de neurones. ***95 % de la sérotonine (l'hormone de bonheur) est fabriquée dans les intestins***. On peut donc réduire son stress en prenant soin de son ventre !
- ***Soigner son microbiote limite le surpoids !*** Les aliments nourrissent également notre microbiote. Trop faible, il pourrait favoriser une prise de poids excessive ou freiner la perte de poids.

Donc, après ce petit préambule, revenons à notre plat ventre... Je vais vous livrer ce qui fonctionne pour moi, mes petits rituels journaliers. Vous pouvez si vous le souhaitez adopter à votre tour toutes ces astuces, elles ont fait leurs preuves ☺.

- Pas de chewing-gum ou alors je le mâche peu de temps. Je trouve qu'il provoque des ballonnements. En plus d'être inesthétique, c'est désagréable !
- J'ai arrêté également les boissons gazeuses, pourvoyeuses d'un ventre arrondi…
- Je ne mange pas de fruit après les repas, pour les mêmes raisons. Je les garde pour les encas de 10 heures ou 16 heures.
- J'essaie (c'est pas toujours évident…) de manger tôt le soir et surtout de manger léger (ventre plat garanti au réveil ! De plus, cela permet d'avoir faim et de faire un bon petit-déjeuner qui réduira les fringales sur la journée.
- Je chasse les émotions négatives, le stress affecte la dilatation des muscles intestinaux, favorise l'ouverture du clapet, donc le reflux. Je fais ainsi 10 à 15 minutes de méditation, de relaxation par jour (yoga, méditation, cohérence cardiaque).
- Je mange lentement. J'avoue que pour moi, c'est ce qui me demande le plus d'efforts. Mais, la digestion débute dans la bouche et l'on évite donc les ballonnements en ralentissant notre allure et en prenant le temps de bien mastiquer.
- Je choisis des aliments anti-gonflette, je mange varié et équilibré en privilégiant des aliments contenant des probiotiques (courge, poireau, carotte, céréale et légumineuses (riz brun, quinoa, flocons d'avoine, huile olive, yaourts nature et bio, fruits…).
- Je marche après le repas de midi : j'ai troqué la sieste contre une petite marche, cela stimule mon métabolisme ! Une meilleure digestion et une meilleure forme pour l'après-midi !
- Je m'hydrate davantage (eau, thé, tisane, etc). Sans sucre, bien évidemment ☺. L'eau permet de chasser les toxines et de drainer l'organisme.

- J'ai supprimé les aliments ultra transformés. Ils contiennent des additifs qui sont délétères pour le microbiote. J'évite également de trop saler, de manger sucré.
- Et bien sûr : je me muscle. Tous les matins, une petite séance d'abdominaux…

PROLOGUE

Je vous ai fait part de tout ce qui est important pour moi pour obtenir et garder un poids de forme. Cela fait 25 ans que j'ai arrêté les régimes, cela fait 25 ans que mon poids est presque stable. Je n'ai pas perdu mes kilos «en trop» en quelques jours. Il m'a fallu du temps. Et le temps est notre allié-car le corps est régulé par une homéostasie qui le maintient en équilibre et une perte de poids conséquente suite à un régime trop restrictif met en alerte notre physiologie. Notre corps va alors stocker à la reprise d'une alimentation dite « normale ». Donc perdre 3 à 4 kilos par mois est idéal pour éviter l'effet yoyo.

Je ne me pèse que très rarement car les écarts génèrent du stress… Je fais juste confiance à mon corps qui sait s'auto-réguler. A l'heure où j'écris ces quelques lignes, je reviens de vacances ; je vais éviter la balance pendant quelque temps, le temps de retrouver des bonnes habitudes alimentaires, et je sais que sans effort particulier, ces quelques rondeurs saisonnières vont s'effacer facilement… Je gère également mon stress, cela a changé ma vie et m'aide pour tout, pas que pour ma silhouette !

J'espère que ces outils, ces conseils vous seront profitables, plus que la part de gâteau, qui dégustée occasionnellement ne fera aucune différence sur la balance. Et plus important que de manger des haricots verts, profitez de la vie, choyez-vous, chouchoutez-vous, aimez-vous. Le reste viendra, c'est promis ! Je vous souhaite une belle vie, pleine de sens et de minceur.